Die Grundzüge
der
Kundenversicherung

(Generalversicherung der Speditions- und Lagergüter)

mit einer Einleitung
über das Interesse als Element der Sachversicherung

Von

Dr. Johannes Weygand
Rechtsanwalt in Leipzig.

Berlin 1914.
J. Guttentag, Verlagsbuchhandlung,
G. m. b. H.

Roßberg'sche Buchdruckerei, Leipzig

Vorwort.

Die Anregung zu dieser Arbeit hat die Vorlesung Ehrenbergs über das private Versicherungsrecht gegeben. Die Erinnerung an manches vor Jahren in einem Hamburger Speditionsgeschäft Gesehene, die seitdem infolge persönlicher und beruflicher Beziehungen fortdauernde Berührung mit Geschäften des Güterverkehrs lenkten auf eine besonders brennende und, wie sich bald herausstellte, noch sehr wenig geklärte Frage hin, *die rechtliche Natur der von den Spediteuren und Lagerhaltern über die Versicherung der Transport- und Lagergüter abgeschlossenen Generalversicherung.*

Zahlreiche Äußerungen in den Fachzeitschriften ließen eine Untersuchung als notwendig erscheinen, die wiederholten Versuche der Berufsvereine, eine brauchbare Formel zu schaffen, bestärkten diesen Eindruck. Das Unternehmen, diesen Versicherungsvertrag dem System der „*Versicherung für fremde Rechnung*“ ein- oder beizuordnen, mißlang und führte zu der Erkenntnis, daß er so eigene, und zwar auf *wirtschaftliche* Zusammenhänge zurückgehende Züge aufwies, daß er auch als Gebilde des *Rechtes* als etwas *Selbständiges* angesehen werden mußte. Weiter zeigte sich, daß durch die überlieferte Gewohnheit der Schriftsteller, diese *ohne bestimmte wirtschaftliche Voraussetzungen gar nicht denkbare Generalversicherung* zu vermengen mit dem *reinen Begriffsgebilde der* „*Versicherung für fremde Rechnung*“ mit dessen Unterbegriff „Versicherung für eigene und/oder fremde Rechnung“ die Untersuchung des Wesens und die Gliederung der *Fremdversicherung überhaupt* sehr erschwert werden.

Diesem nachzugehen, war aber nicht die Aufgabe. Sondern nachdem einmal im Hinblick auf die Vertragfreiheit des Gebietes das wirtschaftliche als das allein taugliche Unterscheidungmerkmal anerkannt war, konnte nur von ihm aus der rechtliche Aufbau geschehen. Eine genaue Durcharbeitung des ganzen Gebietes hätte freilich den Rahmen gesprengt. Deshalb wurde einigermaßen eingehend nur das Eisenbahntransportgeschäft geschildert, die anderen im Umriß, und dabei als das Wesentliche zweierlei festgestellt: Die Lagerung der Interessen und die überwiegende Herrschaft, die der Spediteur über das versicherte Gut ausübt.

Diese Erscheinungen mußten also den Vertraginhalt und die Vertragsgliederung bestimmen. Ehe aber diese — im Rahmen der Arbeit und im Umriß — abgeleitet wurden, schien es angebracht, einige von der Praxis seit einigen Jahren benutzte, der Forschung aber offenbar unbekannte Vertragsformulare zu veröffentlichen und zu besprechen. Sie bestätigten das aus der vorhergegangenen Betrachtung an Voraussetzungen und Zielen Gewonnene, und so konnte es mit doppelter Sicherheit unternommen werden, Vorschläge für die Gestaltung dieser Generalversicherung zu erörtern. Die technischen Einzelheiten mußten dabei auf Kosten der Darstellung der Vertragsgliederung, der rechtlichen Bildung beiseite bleiben.

Im Mittelpunkt dieser Darstellung und ihrer Vorbereitung steht der dem Versicherungsrecht eigentümliche Begriff des Interesses. Die Interessenlage zusammen mit der Machtverteilung, einander zugleich Ursache und Wirkung, scheinen im letzten Grunde die Gestaltung eines jeden Versicherungsvertrages zu bestimmen.

Um dieser allgemeinen Bedeutung willen, dann aber auch, weil die erwähnte überlieferte Vermengung auch hier verwirrt, mußte zunächst, und zwar außerhalb der eigentlichen Untersuchung, zu dem Interessebegriff Stellung genommen werden.

Inhalt.

Das Interesse als Element der Sachversicherung.

Die Grundzüge der Kundenversicherung.

Seite

Zweites Buch. Die Kundenversicherung in der Literatur und in der Praxis.

Seite

Literatur.

Kommentare.

Kommentar zum Deutschen Reichsgesetz uber den Versicherungsvertrag von Stephan Gerhard, Otto Hagen, Hugo v. Knebel-Doberitz, Hermann Broecker, Alfred Manes, Berlin 1908, zitiert: Kommentar von Gerhard, Hagen usw.

Kommentare zum Reichsgesetz uber den Versicherungsvertrag von
- Josef, Berlin 1909,
- Schneider, Munchen 1909,
- Gugel, Stuttgart und Leipzig 1909,
- Best, Stuttgart und Leipzig 1908,
- Zehnter, Munchen 1908,
- Kufahl-Sauer, Leipzig 1908,
- Lindner-Fell, Berlin 1909.

Kommentar zum Deutschen Seeversicherungsrecht von Voigt, Jena 1884.

Kommentar zum Seeversicherungsrecht von Sieveking, Hamburg 1912.

Kommentar zu Internationalen Ubereinkommen uber den Eisenbahnfrachtverkehr von Eger, Berlin 1909.

Kommentar zur Deutschen Eisenbahnverkehrsordnung von Eger, 3. Auflage, Berlin 1910.

Allgemeine Werke.

Lewis, Lehrbuch des Versicherungsrechts, 1889.

Ehrenberg, Handbuch des Versicherungsrechts, I. Band, 1893.

Hellwig, Die Vertrage auf Leistung an Dritte, Berlin 1899.

Muller-Erzbach, Die Grundsatze der mittelbaren Stellvertretung aus der Interessenlage entwickelt, 1905.

Cosack, Lehrbuch des Handelsrechts, 7. Auflage, 1910.

Kohler in Dernburgs Burgerlichem Recht des Deutschen Reiches und Preußens, 6. Band, 8. Buch: Sicherung der Lebensguter durch Einrichtungen der Rechtsordnung. Versicherungsrecht. Halle 1910.

Senkpiehl, Speditionsgeschäft nach deutschem Recht, Hannover 1907.

Abhandlungen.

Ehrenberg, Die Versicherung fur fremde Rechnung, ein Beitrag zur Lehre von der Stellvertretung; in Iherings Jahrbuchern, Band 30, S. 422.

Ehrenberg, Die gesetzliche Regelung der laufenden Versicherung; in der Zeitschrift fur die gesamte Versicherungswissenschaft, Band 3, S. 303.

Schneider, Die Versicherung fur fremde Rechnung nach dem Gesetzentwurf uber den Versicherungsvertrag unter Vergleichung mit dem Handelsgesetzbuch, in der Zeitschrift fur die gesamte Versicherungswissenschaft, Band 5, S. 230; zitiert: Schneider.

Lenné, Das Versicherungsgeschaft fur fremde Rechnung, Marburg 1911; zitiert: Lenné.

Stolle, Die Versicherung fur fremde Rechnung nach dem Entwurfe des Versicherungsvertragsgesetzes, Gottinger Dissertation 1906.

Byk, Die Versicherung fur fremde Rechnung, Heidelberger Dissertation 1911.

Ramshorn, Voraussetzungen und juristische Natur des Vertrages bei der Versicherung fur fremde Rechnung, Leipziger Dissertation 1910.

Herzog, Die Praxis der Transportversicherung, Berlin 1909.

Zeitschriften usw.

Leipziger Zeitschrift fur Handels-, Konkurs- und Versicherungsrecht; zitiert: Leipziger Zeitschrift.

Zeitschrift fur die gesamte Versicherungswissenschaft; zitiert: Zeitschr.

Speditions- und Schiffahrtszeitung, Berlin; zitiert: SSZ.

Materialien.

Landtransportpolice des Internationalen Transportversicherungsverbandes, allgemeine Bedingungen fur die Versicherung von Gutertransporten zu Lande von 1896; abgedruckt in der Sammlung von Versicherungsbedingungen deutscher Versicherungsanstalten, herausgegeben vom deutschen Verein fur Versicherungswissenschaft, III. Teil, Berlin 1910, S. 27.

Allgemeine Beforderungsbedingungen des Vereins deutscher Spediteure von 1908; abgedruckt in der Speditions- und Schiffahrtszeitung; zitiert: Allg.Bef.bed.

Allgemeine Bedingungen, festgestellt vom Verein Hamburger Spediteure; gultig ab 1. Januar 1910; zitiert: Hamburger Bedingungen.

Allgemeine Lagerbedingungen des Vereins deutscher Spediteure; abgedruckt in der Sped. u. Schiffz.

Entwurf einer Normaltransportpolice des Vereins deutscher Spediteure; abgedruckt in der Sped. und Schiffahrtsztg.

Spediteurklausel, abgedruckt in der SSZ 1911, Nr. 18.

Abonnementspolice fur die Transportversicherung von Eisenbahngutern; Ausgabe fur deutsche Spediteure; herausgegeben von der Viktoria zu Berlin 1903; zitiert: Viktoriapolice.

Allgemeine Seeversicherungsbedingungen von 1867; Ausgabe der Handelskammer Hamburg, 5. Auflage, 1891.

Abkürzungen.

V = Versicherung.
Vn = Versicherungnehmer.
Vt = Versicherter.
Vr = Versicherer.
KV = Kundenversicherung.
R = Recht.
VR = Versicherungrecht.
VffR = Versicherung fur fremde Rechnung.
I = Interesse, Interessent, auch in Zusammensetzungen.
Vvg = Versicherungvertraggesetz.
HGB = Handelsgesetzbuch.
ADHGB = Allgemeines Deutsches Handelsgesetzbuch.
VO = Eisenbahnverkehrsordnung.

Das Interesse als Element der Sachversicherung.

§ 1.

Das Interesse als Element des Sachversicherungvertrages im allgemeinen.

I. Der oberflächlichen aber landläufigen Anschauung ist der Sachversicherungvertrag das Versprechen, dem Eigentümer einer Sache einen deren Wert entsprechenden Geldbetrag zu zahlen, wenn sie von einem bestimmt bezeichneten gefährlichen Ereignis betroffen wird, dessen Eintritt beiden Kontrahenten ungewiß ist. Sie sieht nur die einfachen Begriffe Gefahr und gefährdete Sache. Sie weiß zwar auch, daß zwischen dem Versicherten und der versicherten Sache eine Beziehung besteht, allein diese erscheint ihr als nichts Besonderes; sie scheint ihr immer die des Eigentumers zu sein und ist es in sehr vielen Fallen auch wirklich. Dadurch und weiter durch die Vereinbarung uber die Dauer der V und uber die Prämie wird der fluchtigen Betrachtung offenbar der Vertragsinhalt erschopft. So hat es den Anschein, als liege nichts anderes vor, als ein entgeltliches bedingtes Versprechen an den Eigentumer auf Wertzahlung.[1]

Nun ist es aber nicht selten, daß ein anderer als der Eigentumer in dieser Weise kontrahiert, z. B. ein Kommissionär über die Ware seines Kommittenten, ein Mieter uber die Mietsache, ein Ehemann über zum eingebrachten Gute gehorende Sachen. Diese Personen werden offenbar durch den Verlust der Sache ganz anders getroffen als der Eigentumer, und zwar ohne Zweifel schwacher; sollen auch sie den Wertbetrag ihrem Vermogen dauernd zufuhren konnen, obgleich sie die Sache selbst nicht dauernd behalten sollten? Und wie verhält es sich, wenn Personen, die dem Eigentumer in Ansehung der Sache ganz fremd gegenüberstehen, diese unter V bringen?

[1] So Endemann, vgl. Lenné S. 14.

Da Gefahr und Sache ihr Wesen nicht ändern, mag nun die V vom Eigentumer oder einer anderen Person genommen werden, so kann das Entscheidende nur in der Beziehung des V-nehmers zur Sache liegen. Offenbar muß diese Beziehung schutzwürdig sein, sie muß die Leistung des V'rers, ja sogar den bloßen Abschluß des Vertrages rechtfertigen. Andernfalls läge ein vom Rechte und von der Moral allenthalben mißbilligter Spielvertrag vor, der uberdies zu verwerflichen und gefahrlichen Eingriffen in das Schicksal der versicherten Sache führen konnte.

II. Seit langer Zeit ist deshalb diese schutzwürdige Beziehung, das Interesse, als unentbehrliches Element der V anerkannt. Es ist der eigentliche Gegenstand des Vertrages; schon Art. 782, 785 des ADHGB sprechen das aus. Von den Forschern ist es Ehrenberg, der am entschiedensten diesen Begriff verfochten und weiter ausgebildet hat. Nach seinem Handbuch[2] ist Interesse die Beziehung, kraft deren jemand durch eine gewisse Tatsache einen Vermögensschaden erleidet.[3] Ob, was Gegenstand des Streites ist,[4] diese Beziehung rein wirtschaftlich ist oder ob eine rechtliche genugt und erforderlich ist, kann dahingestellt bleiben, weil eine rechtliche Beziehung ohne eine zugrundeliegende wirtschaftliche u E gar nicht denkbar ist; jedenfalls herrscht im wesentlichen Einhelligkeit in der Wissenschaft uber die Notwendigkeit eines solchen Begriffs, und auch die Rechtsprechung und die Gesetzgebung erkennen diesen an.[5]

Somit ist es die Gruppe von Gefahr, Sache und Interesse, die den typischen Inhalt der Sachversicherungsverträge bildet in der Art, daß Gegenstand der V nicht die Sache selbst, sondern das I daran ist.

III. Die Erhebung des I zum Gegenstand des Vertrages hat zwei Wirkungen. Kann nur ein Interessent, d h. nur wer in vom

---

[2] Band I S. 8.

[3] Vgl. auch Ehrenberg in Zeitschr. 1906 S. 369 ff. und von den Kommentaren zum Vvg den von Gerhard, Hagen usw., Zusatz zu § 51 unter 1, S. 235.

[4] Lenné S. 13.

[5] Die in der Rechtsprechung entgegen der Theorie fruher vertretene Meinung, das I spiele nur in der See-V eine Rolle, wahrend bei der Binnen-V die Sache selbst seine Stelle einnehme, ist durch das Vvg von 1908 erledigt.

Recht gebilligter und deshalb geschützter Beziehung zur Sache steht, den Anspruch gegen den Vr geltend machen, so sind die verwerflichen Wett-V'en ausgeschaltet. Das entspricht dem unbestrittenen Grundsatz des VR, daß die V nicht zu einem Gewinn führen darf.[6] Hierin liegt die eine, gewissermaßen negative Wirkung: wo kein I, da kein Anspruch gegen den Vr. Die andere Wirkung ist positiv; sie besteht darin, daß das I, genauer die Art des I den Inhalt des einzelnen Vertrages bestimmt.

Die Bedeutung der negativen Wirkung ist so einleuchtend, daß es keiner weiteren Erörterung darüber bedarf; die der positiven ist im folgenden zu besprechen, und zwar sollen in § 2 die Arten des I, in § 3 die positive Wirkung im einzelnen Falle behandelt werden.

§ 2.
Die Arten des Interesses.

I. Die Arten des I sind seit langem untersucht worden. An einer Sache besteht entweder das Interesse oder die Interessen einer einzigen Person, oder es bestehen die mehrerer Personen. Die mehreren Interessen können gleichgeartet sein oder nicht. Im einfachsten Falle, wo der Eigentümer selbst die Sache in Gewahrsam hat, bestehen nur das Eigentümerinteresse und weiter, wenn die Sache eine gewerbliche oder sonstige, z. B. künstlerische Ausnutzung gestattet, das I des Eigentümers an der Erhaltung dieser Möglichkeit, das sog. Chomageinteresse. Stehen mehrere Personen im selben Verhältnis zur Sache, dann hat jede das gleiche I. Alle diese Fälle bieten keine Schwierigkeiten.

Welches Verhältnis besteht aber, wenn die I mehrerer Personen verschieden sind, z. B. in dem Falle, wo der Eigentümer an der Sache ein Faustpfand bestellt hat? Hier bestehen an derselben Sache das I des Eigentümers und das des Faustpfandgläubigers. Daß sie verschieden sind, leuchtet ein; die Notwendigkeit, solche I in ein Verhältnis zu bringen, hat dazu geführt, die möglichen I in folgender Weise zu gruppieren:

Das regelmäßige, gewissermaßen normale I ist das des Eigentümers im Rechtssinne des Wortes. Ihm treten gegenüber die im Inhalt, aber nicht in den wirtschaftlichen und vor allem recht-

[6] Vgl. die von Lenné S. 13 Note 20 aufgeführte Literatur.

lichen Voraussetzungen gleichen I der sog. Disponenten und die inhaltlich anders gearteten I der Personen, die an der Sache in anderer Weise als der Eigentümer dinglich berechtigt sind, und weiter jener, denen eine Verantwortlichkeit fur die Sache obliegt. Diese nennt man nach Ehrenbergs Vorgang Koinzidenzinteressen, jene Konkurrenzinteressen.[7]

II. Wenn man sagt, das Eigentums-I und das an derselben Sache bestehende Verantwortlichkeits-I stehen zueinander im Verhältnis koinzidierender I, so meint man damit folgendes: häufig hat das gefahrliche Ereignis für eine Person unmittelbar eine Vermogenseinbuße durch Substanzverlust (oder einen Erwerbentgang) zur Folge, nötigt aber zugleich eine andere Person mittelbar, nämlich infolge rechtlichen oder sonst gebilligten Zwanges, zu einem Aufwand. Ist dieser Aufwand lediglich dazu bestimmt, dem unmittelbar Betroffenen den Schaden zu ersetzen, so entspringt das I an der Erhaltung der Sache, das beide Personen haben, zwar verschiedenartigen wirtschaftlich-rechtlichen Beziehungen, ihre Befriedigung kann aber durch die einmalige Leistung des vollen Wertes der Sache oder des vollen Schadens an nur einen der I'nten erfolgen; entweder an den Eigentumer, dann entfällt dessen Schaden, und dadurch wird das I des Verantwortlichen, nicht Schadenersatz leisten zu mussen, gegenstandslos; oder an den Verantwortlichen, dann ist dieser wirtschaftlich so gestellt, als hatte er keinen Ersatz zu leisten, d. h. er empfindet den Schaden nicht an seinem Vermogen, seine Bilanz bleibt in der Saldosumme gleich, weil sich der passive Ersatzanspruch des Eigentumers und der aktive Zahlungsanspruch an den Vr ausgleichen. Auch der Eigentümer fuhlt den Schaden nicht, denn er ist in der Lage, fur die Durchsetzung seines rechtlichen Anspruchs im Vermögen des Haftpflichtigen den wirtschaftlichen Wert zu finden, nämlich die Forderung an den in aller Regel solventen Vr oder dessen schon geschehene Leistung. Diese Deckung wird unter Umständen durch das positive R bis zum unmittelbaren Zugriff in den Fällen verstärkt, wo die unsichere Vermogenslage des Haftpflichtigen diesen hindert, selbst die ihm geschehene Leistung dem Eigentumer oder sonstigen unmittelbar

[7] Handbuch I S. 11 ff.

Geschädigten ungeschmälert auszukehren.[8] Endgültig ist also nur eine Wirtschaft, die des unmittelbar Betroffenen geschädigt, die des Verantwortlichen bildet nur den Durchgang für die Ersatzleistung.

Solche gewissermaßen hintereinander geschaltete I finden wir vor allem in den Verkehrsgewerben. Der Frachtfuhrer, der Spediteur, der Lagerhalter ubernehmen regelmäßig weitgehende Haftpflichten gegenuber ihren Kunden.

III. Wahrend uber das Wesen der Koinzidenz-I'en im ganzen Übereinstimmung der Meinungen herrscht, besteht Streit über das Verhältnis konkurrierender I'en.

Nach der besonders von Ehrenberg und Gierke vertretenen herrschenden Meinung stehen diese so zueinander, daß sie einander schmälern;[9] Eigentumer und Pfandglaubiger z. B. sollen „in der Wertausbeutung miteinander konkurrieren", daher auch die Bezeichnung Konkurrenz-I, die wir, da sie einmal eingefuhrt ist, trotz unserer abweichenden Auffassung beibehalten. „Die Summe sämtlicher Konkurrenz-I mache erst das volle Eigentumer-I aus", also ein gewissermaßen arithmetisches Verhältnis wird behauptet. Dem sind vor allem Hellwig und Lenné entgegengetreten.[10] Nach Lenné „verkennt diese Auffassung die wirtschaftlichen Verhaltnisse; denn die I seien nicht nur der Art nach verschieden, sondern nicht einmal Teile eines Gesamt-I. Trotz der Belastung einer Sache in der vollen Hohe des Sachwertes behalte doch der Eigentümer sein Interesse als solches. Gerade die dingliche Belastung, z. B. eines landwirtschaftlichen Grundstückes, weise haufig auf den unveränderten Bestand des vollen, spezifischen Eigentümer-I hin, man denke an Meliorationshypotheken, oder daran, daß gerade der volle Sachwert die Grundlage des Realkredits sei. In dieser Funktion zeige sich die Bedeutung des Eigentümer-I gerade recht deutlich. Der Verlust, den der Eigentumer erleide, sei nach anderen Gesichtspunkten zu beurteilen, als der der Pfandglaubiger. Man müsse sich, um klar zu sehen, von der Vorstellung frei machen, daß das Eigentum lediglich der Spekulation diene, das verdecke den wahren Sachverhalt."

[8] § 157 Vvg.

[9] Ehrenberg, Handbuch I S. 12 und dazu Lenné S. 60.

[10] Hellwig S. 558, Lenné S. 67 ff.

Wir schließen uns Lenné an. Sein Hinweis auf die Funktion des Eigentums als Grundlage des Realkredits als einer typischen Funktion des Eigentums veranlaßt uns die Frage aufzuwerfen, ob denn das Eigentümer-I überhaupt etwas so Einfaches und immer gleiches ist, wie im allgemeinen angenommen zu werden scheint. Wir meinen, die Beziehungen, vermöge deren der Eigentümer Schaden erleidet, beruhen nicht allein auf seiner Eigentümerstellung, sondern auch auf den Schicksalen, denen er selbst die Sache unterworfen hat, insbesondere den Belastungen. Offenbar ist das Eigentümer-I an einem unbelasteten Grundstücke anderer Art als an einem belasteten. Der Eigentümer des unbelasteten Grundstücks empfindet den Schaden nur unmittelbar, z. B. weil er seine Wohnung verliert, weil er es vermietet oder verpachtet hat und nunmehr seine Zinseinnahme verliert, oder weil er es dem Abkäufer nicht auflassen kann. Der des belasteten Grundstücks fühlt ihn auch mittelbar, nämlich deshalb, weil nach dem Untergang des Pfandes nunmehr seine meist vorhandene persönliche Haftung in den Vordergrund tritt; er empfindet den Verlust auch in seiner Eigenschaft als Eigentümer eines Pfandes. Er hat also auch das I eines Verpflichteten, mit der Verpfändung hat sein bisher reines Eigentümer-I gewissermaßen eine andere Farbe angenommen, die es behält, solange die Verpfändung dauert; es spaltet sich, aber es bleibt beim Eigentümer und es kann keine Rede davon sein, daß es sich mindert.[11]

IV. Soviel über die Grundlagen und den Inhalt der Koinzidenz- und Konkurrenz-I. Wie verhalten sie sich zum Eigentümer-I in Ansehung ihrer Entstehung? Es leuchtet ein, daß sie das Vorhandensein eines dinglich voll Berechtigten oder eines auf Ersatz Berechtigten voraussetzen. Da sich aber aus dieser Sachlage von selbst das Eigentümer-I eben dieses anderen ergibt, so kann man auch sagen, daß sie nicht bestehen können, ohne daß ein Eigentümer-I gegeben ist, daß sie also immer ein Eigentümer-I voraussetzen. Unselbständig in Ansehung

[11] Eine ähnliche Mischung liegt vor, wenn der Eigentümer seine Sache verkauft, aber noch nicht übereignet hat. Geht die Sache infolge eines von ihm zu vertretenden Umstandes unter, so trifft ihn der Untergang doppelt und er verliert sein Eigentum und trägt den aus der Leistungsmöglichkeit entstehenden Schaden des Käufers.

ihres Bestandes treten sie stets im Gefolge eines Eigentümer-I auf, das für sich allein bestehen kann; dieses Eigentümer-I ist primär, es liegt nahe, die Konkurrenz- und Koinzidenz-I sekundäre I zu nennen.[12] [13]

V Außer den bisher besprochenen Interessenten, also dem Eigentum-I im strengen Sinne und dem Sekundar-I kennt die herkömmliche Einteilung noch die sog „Disponenten". Sie versteht darunter Personen, die, ohne Eigentümer zu sein, eine dem Eigentumer ahnliche wirtschaftliche Stellung haben, die es mit sich bringt, daß ihr I an der Sache dem Inhalte nach dem eines Eigentumers gleicht. Als solche gewissermaßen irreguläre Eigentümer sind z B der Ehemann in Ansehung des seiner Verwaltung unterliegenden Frauengutes, der Erbbauberechtigte, der Pachter, der Nießbraucher bezeichnet worden, aber auch der Kommissionar[14] und — ein nicht minder wichtiger und haufiger Fall — der die Transportgefahr tragende Kaufer.[15]

Die gerade uber diesen Begriff reichlich vorhandene Rechtsprechung lehrt seine Notwendigkeit; mit dem strengen Eigentumer-I und andererseits dem Sekundar-I kommt die Praxis nicht aus. Nun ist es aber oft schwierig zu erkennen, ob ein irreguläres Eigentum-I vorliegt oder ein sekundäres. Denn wir sehen, daß z. B. der Pächter ebenso ein I an der ungestorten Benutzung, also ein eigentumgleiches hat, wie an der Moglichkeit ordnungsmaßiger Ruckgabe, also ein sekundäres Haftpflicht-I. Offenbar liegt in vielen solchen Fällen ein zusammengesetztes Gebilde vor, derart, daß der Disponent jedem anderen als dem wahren Eigentumer gegenuber die Stellung des Eigentumers hat, diesem gegenuber aber die des Hapftpflichtigen oder Pfandglau-

---

[12] Ehrenberg, Lehrbuch I S 317.

[13] Auch außerhalb der Sachversicherung kommen Koinzidenzinteressen vor, z B. in Verbindung mit einer Unfallversicherung; fur unsere Betrachtung scheiden sie aus.

[14] OLG Hamburg vom 22. 4. 1907 in Gerhard: Praxis II S. 237.

[15] Lewis S. 46; ein solches I, bei dem der Vte die Gefahr in gleicher Weise tragt, wie der Eigentumer. Vgl. schon Oberappellationsgericht Dresden 1868 (SeuffArch Bd. 22 Nr 290), AG Celle (I. Senat) vom 17. 11. 1871 (SeuffArch. Bd. 26 Nr 175), ferner SeuffArch. Bd. 40 Nr. 226, ferner Lenné S. 22, 58, Kommentar von Gerhard, Hagen usw., Zusatz zu § 51 Note 7 S. 240.

bigers. So ist die Stellung des Kommissionärs, des Ehemanns, des Nießbrauchers. Hier entsteht eine Schwierigkeit. Hält man es fur notwendig, daß ein der Art nach bestimmtes I als Gegenstand der V feststeht — und das muß, wie im nächsten Paragraphen dargelegt werden wird, gefordert werden —, so entsteht die Frage, welches I das versicherte ist. *Das ist immer das wirtschaftlich vorherrschende.* Hat also ein Disponent ohne ausdruckliche Bezeichnung des I schlechthin auf die Sache V genommen — nur dann wird ja die Entscheidung notig —, so ist zu fragen, ob das immer vorliegende sekundare I durch das irregulare Eigentums-I so sehr verdunkelt wird, daß man sagen kann, es hätte unter normalen Umständen keinen Anreiz zur V gegeben. In einzelnen Fallen mag das leicht zu entscheiden sein. So wird es naheliegen, den Erbbauberechtigten, den Auszügler oder sonstigen Nießbraucher, vor allem auch den Ehemann und selbst einen langfristigen Pächter oder Mieter als irregulären Eigentumer zu behandeln. Dagegen wird man den Nachweis der Vereinbarung eines Sekundär-I z. B. verlangen müssen von dem auf kurze Frist oder nur gegen Kundigung berechtigten Mieter, denn hier überwiegt in der Regel die Vorstellung, daß die Sache nur vorubergehend anvertraut ist; der Rechtszwang zur Ruckgabe ist der Beweggrund der V, nicht das Bestreben, sich den Vorteil der Innehabung zu erhalten. Aber es gibt auch sehr zweifelhafte Fälle, z. B. den des Abzahlungskaufers. Die Mobelabzahlungsgeschafte, welche unter Vorbehalt des Eigentums bis zur vollen Bezahlung des Preises liefern, legen oft dem Käufer die Pflicht auf, die Mobel gegen Feuer zu versichern. Wenn nun diese V, wie häufig, für eigene Rechnung des Käufers genommen wird, so kann man zweifeln, welches der Beweggrund ist, der aus der ausdrucklich auferlegten Verpflichtung erklarliche, das Eigentum des Verkaufers zu schützen und damit die eigene Verantwortlichkeit, oder die Vorstellung, die künftig eigenen Mobel zu erhalten. Dazu kommt, daß nach der Natur der Sache das Verhältnis der beiden I sich fortgesetzt ändert.

Für die nachstehende Untersuchung kommt vor allen Dingen die Stellung des *Spediteurs*, des *Lagerhalters* und des *Frachtführers* in Betracht. Nach dem Ausgeführten sind diese *auf keinen Fall irreguläre Eigentümer*, ihre Pfandrecht- und Haftpflicht-I sind weit überwiegend, wie schon aus der immer nur kurzen Dauer ihrer Verfügung hervorgeht.

Wenn das irreguläre Eigentums-I von der Rechtsprechung und der Literatur in weiterem Umfange angenommen wird, als es nach diesen Ausführungen angeht — besonders häufig wird der Kommissionär als Disponent erklärt —, *so rührt das wohl daher, daß man nach einer Möglichkeit sucht*, die V *der Sache schlechthin* ohne Angabe des I dann *aufrecht zu erhalten*, wenn sie durch den Nichteigentümer ohne Aufdeckung des Eigentumverhältnisses erfolgt ist. Dieses Bedürfnis besteht, allein der eingeschlagene Ausweg führt zur Verflüchtigung des Interessebegriffs. Das kann vermieden werden. Es ist keineswegs notwendig, ein Eigentum-I des Vn zu fordern, auch wenn die V nicht für fremde Rechnung genommen ist. Unter gewissen Umständen ist es vielmehr durchaus zulässig und praktisch, auch *fremdes* Eigentum-I, reguläres oder irreguläres, unter V zu bringen *derart, daß diese V des fremden I zugleich der mittelbaren versicherungsmäßigen Deckung der eigenen I*, die in Wahrheit nur sekundäre sind, *dient*.

Die nachstehende Untersuchung will diese Bildung am Beispiel des *Spediteurs* und *Lagerhalters* als brauchbar und möglich nachweisen; es wird sich dabei ergeben, daß schon durch eine geeignete Konstruktion des *V'vertrages* der I'schutz des vermeintlichen Disponenten lediglich mit Hilfe der einfachen Begriffe des Haftpflicht-I und des Pfandrecht-I herbeigeführt werden kann; damit aber entfällt die Notwendigkeit, ein irreguläres Eigentum-I dort anzunehmen, wo die Lebenserfahrung es ausschließen mußte.

Was schließlich das Wesen der sekundären I, ihr Verhältnis zu dem Primär-I anlangt, so ist es für diese hervorgehobenen Fälle gleich, ob die Sekundär-I einem regulären oder einem irregulären Eigentum-I gegenüberstehen. Für den Lagerhalter, dem der Ehemann zum Frauengut gehörige Möbel zur Aufbewahrung gibt, ist dieser der Eigentümer. Die Pfandrechts-I finden ihre erweiterte Grundlage in dem erweiterten Schutz des guten Glaubens durch das HGB, die Haftpflicht-I sind, da fast nur die *vertragliche* Haftpflicht in Frage kommt, von der Person des Eigentümers unabhängig. Somit können wir bei der folgenden Untersuchung davon ausgehen, daß es nur ein primäres I gibt, das des regulären oder irregulären Eigentumers, neben dem die sekundären I erscheinen und verschwinden.

VI Die sekundaren I erscheinen und verschwinden, das primäre Eigentum-I bleibt ihnen gegenuber unverändert. Das bringt uns auf die Frage nach dem letzten Grunde der Verschiedenheit der I und damit ihrer Gegensätze. Ganz offenbar ist das der Umstand, daß die Sache aus der Hand des Eigentümers gelangt. Ruht sie bei ihm, so gibt es eben nur das Eigentum-I, und das ist auch der Grund, warum die besondere Funktion dieser Beziehungen der oberflachlichen Vorstellung nicht zum Bewußtsein kommt. Gelangt sie aber in den Verkehr, so entsteht eine wirtschaftliche Lage, aus der die Obhutverpflichtungen und die Moglichkeit erwachsen, die Entfernung vom Eigentumer, die Machtverschiebung, zur Grundlage der dinglichen Sicherung der mit der Sache irgendwie verknüpften Anspruche zu machen.[16] Nunmehr entstehen daran die verschiedenen I anderer Personen.

Die Machtverschiebung ist also die letzte Ursache der I'mehrheit.

§ 3.

Das Interesse als Gegenstand des Versicherungsvertrages im einzelnen. Die Einigung über die Art des Interesses.

I. Wie in § 1 am Schlusse ausgefuhrt, kommen dem I'begriff zwei Wirkungen zu, die negative, Wettversicherungen fernzuhalten und die positive, dem einzelnen V'vertrage seine Farbe zu geben. Jene, die negative, bedarf, wie schon hervorgehoben, keiner eingehenden Erörterung, die positive ist im folgenden zu besprechen Die Unterscheidung der Arten des I hat, wie sich dabei zeigen wird, nicht nur den theoretischen Wert, die Anschauung zu erleichtern, die Abgrenzung und Einteilung des gesamten an einer Sache hängenden Beziehungskomplexes zu gestatten, sondern bietet neben diesem gewiß nicht unbetrachtlichen Vorteil eine Handhabe, um das V'geschaft praktikabel zu gestalten, sowie den rechtlichen Ausbau des V'vertrages einfach und ubersichtlich zu

[16] Die dingliche Ausnutzung kann auch der Zweck der Entfernung sein, so bei der Pfandleihe.

machen. Die Frage geht insbesondere dahin, ob die Art des I bereits im Augenblicke des Vertragsschlusses Wirkungen ausüben kann, ob die Kontrahenten dazu Stellung nehmen, die Einteilungsfunktion ausnützen konnen. Sie lautet, abgestellt auf die Frage, was alles zum Gegenstand des V'vertrages gemacht werden muß: muß eine Einigung uber die Art des I stattfinden?

II. Ehe wir hierauf naher eingehen, mussen wir uns kurz einem viel umstrittenen Begriff, dem des „objektiven I" zuwenden. Die Vereinbarung uber die Art des I schließt nach unserer Meinung die uber die Person des I'ten in sich. Ehrenberg, der entschiedenste Vertreter der I'lehre, stellt dem durch die Person des I'ten bestimmten „subjektiven" I fur die Wissenschaft und bewußt de lege ferenda ein durch die Sache — oder wie er sagt, durch die Art — bestimmtes I gegenuber, das er ein „objektives" nennt. Bei diesem hafte der V'anspruch gewissermaßen an der versicherten Sache, werde mit ihr erworben und verloren, „als versichert gelte jeder, der jenes I besitze oder erwerbe" (Handbuch S. 309 unter 2). Anscheinend steht diese Stelle in Zusammenhang mit einer fruheren — S. 294 —, wo es heißt: „Sind verschiedenartige I an dem namlichen Objekt möglich, und handelt es sich lediglich darum, eine später auftauchende Meinungsverschiedenheit uber die Art des I fernzuhalten, so muß gleich beim Abschluß des Vertrages, ausdrucklich oder stillschweigend, eine Vereinbarung der Parteien uber das oder diejenigen I stattfinden, die den Inhalt des V'vertrages bilden sollen " Im unmittelbaren Anschluß an die erst erwahnte Stelle (S 309) fahrt Ehrenberg dann fort: „Wenn das sog. Eigentumer-I versichert ist, so sind konsequenterweise auch alle Konkurrenz-In anspruchsberechtigt, also auch diejenigen, deren I in der Schmalerung des Eigentümer-I besteht, wie die Hypothekenglaubiger, Nutznießer usw., denn die Summe der versicherten Konkurrenz-I macht erst das versicherte Eigentumer-I aus."

Diese, wie von Hellwig und Lenné dargetan, unrichtige Auffassung vom Verhältnis der Konkurrenz-I'en ist es, die Ehrenberg veranlaßt, im folgenden (S. 310) mit den Worten: „Bedarf es dagegen einer Vereinbarung über die Person des I'ten, so ist nur dieser anspruchsberechtigt, beim Wechsel der Person erlischt der V'anspruch," einen Gegensatz zu behaupten zwischen dem durch die Person und dem durch die Sache bestimmten I.

Das objektive I und damit auch der künstlich konstruierte Gegensatz zum subjektiven I fällt schon mit der arithmetischen Auffassung über das Verhaltnis der Konkurrenz-I in sich zusammen.[17] Abgesehen davon entspricht diese Bildung durchaus nicht einem Bedurfnisse der Praxis und gibt ein unklares Bild. Die notwendige Folge wäre ja, daß der Vr im V'fall mit einer Anzahl ihm bis dahin vollig unbekannter Personen zu tun hätte, die Anspruch auf die V'summe oder einen Teil davon erheben.[18] Wohl aber läßt sich der Gedanke, daß die Art des I in der Regel genüge, um dem V'vertrag die erforderliche Bestimmtheit zu geben, in anderer Richtung weiter verfolgen.

Die Art des I wird bestimmt durch die Sache und die Person; wenigstens gilt das fur die Fälle, wo die verschiedenartigen I notwendig auch verschiedenen Personen zustehen. Ob und welche rechtlich-wirtschaftlichen des Schutzes durch V wurdigen und tauglichen I in einem bestimmten Zeitpunkte zwischen einer bestimmten Person und einer ebenfalls bestimmten Sache bestehen, läßt sich für jede Zeit, also auch nachträglich, feststellen. Sache, Person und Art des I sind gewissermaßen drei Großen einer mathematischen Gleichung. Hat aus wirtschaftlichen Gründen nur die Bezeichnung von zweien, nämlich der Sache und des I stattgefunden, sind diese somit „bekannte Größen", so läßt sich die dritte, unbekannte, die Person des I'ten, ebenfalls bestimmen, und zwar auf Grund der schon beim Vertragsschluß gegebenen Tatsachen. Die Person steht somit immer fest, wenn sie auch nicht bekannt ist. Das aber ist notwendig, damit der Vr im V'fall feststellen kann, wer als Inhaber des Ersatzanspruchs uberhaupt auftreten kann. Ob er ihm schon bei Vertragsschluß bekannt sein muß oder nicht, ist eine Frage der bloßen Zweckmäßigkeit des einzelnen Falles, während die Bestimmbarkeit der Person in jedem Falle unentbehrlich ist.

---

[17] Lenné S. 8.

[18] Schneider in Zeitschr. V S. 232 geht so weit, daß er nicht nur jedem Disponenten, sondern sogar dem bloßen Pfandglaubiger einen direkten Anspruch an den V'r geben will!

Somit genügt und ist erforderlich immer die Bezeichnung der Art des I, denn darin liegt die der Person.[19]

Darüber hinaus, über die Bedeutung, Aufschluß über die Person des I'ten zu geben, hat die Bezeichnung der Art des I selbstverständlich dann Wert, wenn ein und derselben Person an derselben Sache verschiedenartige I'en zustehen können, so z. B. das Chomage-I neben dem Eigentümer-I, koinzidierende I neben dem Eigentümer-I und dem Disponenten-I. Hier ist die Vereinbarung selbst dann erforderlich, wenn die Person bezeichnet ist.

Außer den vorstehenden, von anderer Seite sehr ausführlich dargelegten Gründen läßt sich gegen den Begriff des objektiven Interesses vor allem einwenden, daß dafür kein Bedürfnis besteht. Offenbar ist seine Aufstellung demselben Grunde entsprungen, wie die des irregulären Eigentümer-I, nämlich dem Bedürfnis, die vom Nichteigentümer genommene V aufrecht zu erhalten zu seinen und seines Rechtsnachfolgers Gunsten.

Dies Bedürfnis kann aber durch geeignete Konstruktion besser befriedigt werden. Die V des ganzen an einer Sache unter gewissen Umständen erfahrungsgemäß vorkommenden I'komplexes ist durch die Verbindung direkter V das Eigentümer-I und indirekter V des sekundären I sehr wohl möglich, wenn man den Abschluß der V in die Hand des Sekundär-I legt und die durch das neue Vvg eröffnete Möglichkeit der Nachfolge in das I zu Hilfe nimmt. Auch diese Fälle werden durch die folgende Untersuchung beleuchtet werden, und es wird sich zeigen, daß das sog. objektive I entbehrlich ist.

III. Nach dieser Abschweifung über das objektive I ist nachzuweisen, warum die Vereinbarung über die Art des I und damit zugleich die über die Person des Interessenten notwendig ist, um das V'geschäft praktikabel und den rechtlichen Ausbau des V-vertrages einfach und übersichtlich zu machen.

Die Vereinbarung über die Art des I ist notwendig, einmal um dem Vr die Risikoauslese zu ermöglichen, dann um im V'fall die Übereinstimmung des nach dem Vertrage Anspruchberechtigten mit dem Träger des I feststellen zu können.

---

[19] So ROHG und OLG Hamburg bei Lenné S. 37 Note 56.

1. Die V des Eigentumer-I ist riskanter, als die der Sekundar-I'en. Den Eigentumer trifft jeder Unfall der Sache, den Haftpflichtigen nur der, der seine Haftpflicht auslöst, den Pfandgläubiger oder sonst dinglich Berechtigten nur der, der einen auf den Untergang oder die Wertverminderung der Sache zurückgehenden Schaden im Gefolge hat. Also beeinflußt die Art des I die Wahrscheinlichkeit der Haufigkeit des V'falles.

Aber auch fur die Berechnung der Höhe der Ersatzleistung hat die Art des I Bedeutung. Die dem Pfandgläubiger gebührende Ersatzleistung wird durch die Höhe seiner Forderung dann begrenzt, wenn deren Betrag niedriger ist als der Sachwert. Hat der Hypothekengläubiger als solcher das Grundstuck unter V gebracht, so kann er, wenn man annimmt, dadurch sei nur sein sekundäres I versichert, nur den Betrag der Hypothek fordern. Nimmt man mit Ehrenberg an, es sei das objektive, an der Sache bestehende I versichert[20], so konnte er, wenn er z B. das Grundstück in der Zwangsversteigerung erstanden hätte und der V'fall nach dem Zuschlag eintritt, den vollen Grundstückswert fordern. Das führte zu verworrenen Folgen; es läge ja eine Unter-V vor, wenn die V'summe nach dem Betrag der Hypothek, eine Über-V, wenn sie nach dem Grundstückswert bemessen wird und der V'fall vor dem Zuschlag einträte! Und soll etwa der Eigentumer aus einer vom Pfandgläubiger auf den Wert des Pfandrechts genommenen V Anspruche erheben konnen? Dem steht schon der Grundsatz entgegen, daß ein durch den Vertrag nicht als berechtigt vorgesehener Interessent keinen Anspruch erheben kann. Soll der Hypothekengläubiger aber etwa den vollen Wert versichern, so daß Leistung an Eigentumer und Gläubiger an sich der Prämie entspräche? Wie käme er zu einer solchen ubermäßigen Aufwendung?

Also ist dem Vr der Wechsel des I oder ein Nebeneinander verschiedener, mehreren Personen zustehenden I nicht zuzumuten, und es ist deshalb auch nicht anzunehmen, daß ein ohne Hervorhebung des I geschlossener V'vertrag alle normalerweise denkbaren I decken soll.[21] Vielmehr ist, wie unten näher auszuführen ist, in diesem Falle nur das Eigentümer-I gedeckt.

---

[20] Eine solche V soll zulassig sein. Vgl. Lehrb. S. 314 unter bb.

[21] A. A. Schneider in Zeitschr. V.

2. Auch deshalb ist die Bezeichnung der I'art unerläßlich, weil dadurch die Feststellung des Interessenten auf jeden Fall möglich ist. Zwei Gründe sind es, die diese Möglichkeit fordern.

Einmal muß der Vr die während der Dauer des V'verhältnisses sich abspielenden Schicksale der Sache darauf prüfen können, ob sie vom Träger des I oder seinem Vorgänger illoyal beeinflußt worden sind, und dann muß er im V'fall feststellen können, wem aus der Zahl der an sich möglichen Interessenten er zu leisten, mit wem er in verbindlicher Weise wegen der Regulierung in Verbindung treten kann.

a) Die erste Notwendigkeit hat eine selbständige Bedeutung natürlich nur dann, wenn die Person des I'ten während des V'verhältnisses gewechselt hat. Aber gerade das muß ja der Vr prüfen können, um erkennen zu können, ob eine verwirkende Handlung vorliegt. Mit anderen Worten, er muß von der Person des im V'fall gegebenen I'ten, den er durch die Art des I ermittelt hat, rückwärts das Verhalten der Vorgänger verfolgen können. Diese Kette muß endigen bei der Person, die im V'vertrage als I'träger bezeichnet worden ist, oder als damals vorhandener, ebenfalls aus der Art des I gewonnen werden kann, sei es nun der Kontrahent selbst oder ein dritter, außerhalb des Vertrages Stehender.[22]

Denn es wäre ganz unsinnig, dem beim V'fall vorhandenen I'ten unter Hinwegsetzung über verwirkende Handlungen früherer I'ten den V'anspruch zu geben, z. B. dem Käufer einer vom Verkäufer und Versender fehlerhaft verpackten Warensendung, die während des Transportes infolge dieses Fehlers beschädigt wird. Dem Vr darf die Gesamtheit der Beziehungen, auf die er seine Berechnung für den Vertragsschluß stützt, nicht einfach durch den Wechsel der I'ten entzogen werden, jeder spätere I't muß die durch Verletzung der Anzeigepflicht vor oder nach dem Vertragsschluß oder in sonstiger Weise veränderte Lage so

[22] Es ist nicht notwendig, daß diese Person zur Zeit des Abschlusses der V bereits interessiert gewesen ist, denn ein I braucht zu dieser Zeit noch nicht zu bestehen; in diesem Falle ist bis auf den ersten Interessenten überhaupt zurückzugehen.

ubernehmen, wie sie ist. Es darf eben nur die *Person* wechseln. Kein späterer I't erwirbt ein ursprüngliches Recht gegen den Vr, sondern nur das seines Vorgängers mit allen Mängeln.

b) Die andere Notwendigkeit der Bestimmbarkeit des I'ten hat ebenfalls auf den V'fall Bezug. Der Vr muß den *zur Zeit des V'falles* vorhandenen I'ten feststellen können, weil er nur mit *einer* Person wegen der Regulierung verhandeln und an ihn leisten kann. Es ist ganz unumgänglich, an dem Grundsatz festzuhalten, daß der Vr grundsätzlich nur an den *aus dem Vertrage Berechtigten* zu leisten hat.[23] Ist der Anspruchsberechtigte benannt worden, sei es der Kontrahent selbst oder — bei der VffR — ein Dritter, gestaltet sich die Sache einfach so, daß gepruft wird, ob diesem das vereinbarte I zusteht, oder ob der den Anspruch geltend Machende seine Stellung auf den bezeichneten I'ten zuruckfuhren kann. In den sehr häufigen und wichtigen Fällen aber, wo die Bezeichnung unterbleibt, ist die Feststellung des I'trägers *nur* durch die Art des I möglich. So vor allem bei der V „fur Rechnung, wen es angeht“, im weitesten Sinne.

Nun wäre es in solchen Fällen an sich technisch moglich, die Leistung in einer Art zu bewirken, daß kein I't verkurzt wird, z. B. konnte unter Durchfuhrung des Surrogatprinzips der dem Wert des Eigentumer-I entsprechende (in der Regel durch die V'summe begrenzte) Betrag an einen Treuhänder geleistet werden, und den I'ten bliebe es überlassen, den Streit, wer etwas und wieviel jeder erhalten soll, unter sich auszutragen. Aber das würde die V ungemein verteuern, es lohnte nur bei großen Summen[24] und wurde umständlich sein; vor allem wurde sich die Verteilung sehr verzögern.

Es ist also daran festzuhalten, daß dem Vr im V'fall nur ein bestimmtes I gegenübertritt, aus

---

[23] Die Regelung der Stellung der Hypothekenglaubiger ist positives Gesetz und beweist deshalb gerade, daß, wenn ein anderer als der aus dem Vertrage Berechtigte ein Recht auf Leistung haben soll, dies irgendwie besonders begrundet sein muß.

[24] Bei der Immobilienfeuer-V liegen solche Verhaltnisse vor; vgl. § 193 Vvg.

dessen Art sich dann immer die Person des I'ten ergibt. Deshalb ist die Bezeichnung der Art stets erforderlich.[25] Die Frage, ob *daneben* auch die *Person* des I'ten bezeichnet werden muß, ist dagegen eine Frage der *Zweckmäßigkeit* des einzelnen Falles, aber *keine grundsätzliche*.

IV. Die aus Gründen der Praktikabilität des V'geschäftes im vorstehenden vertretene Auffassung wird durch die *neuere Gesetzgebung* bestätigt. Nachdem schon das BGB für den einen Hauptfall, die Versicherung der Hypothek, die Surrogation der V'forderung mit willkürlichen Erweiterungen zugunsten des Hypothekengläubigers gewählt hatte,[26] hat auch das Vvg, wie Lenné S. 70 hervorhebt, nirgends die von Ehrenberg erwartete Verwertung des Begriffs des objektiven I gebracht, stellt vielmehr die V streng auf das subjektive, d. h. auf die Person des I'ten ab. Insbesondere ist das zum Ausdruck gekommen bei der Regelung der Veräußerung der versicherten Sache, §§ 69 ff. Vvg, da dort unzweifelhaft Rechtsnachfolge stattfindet. Das Gesetz geht sogar noch weiter, es begnügt sich nicht, allgemein die Vereinbarung der Art des I zu verlangen, indem es die Person des I'ten als bekannte oder zwar unbekannte, aber bestimmbare Größe einstellt, sondern es stellt geradezu eine Vermutung für die Vereinbarung des Eigentümer-I auf. § 69 Abs. 1 spricht schlechthin von den während der Dauer des „Eigentums" aus dem V'vertrag sich ergebenden Rechten.

Vor allem aber auch ist es § 52, der gegen die Annahme eines objektiven I spricht,[27] und schließlich auch § 53, der für das Chomage-I eine besondere Vereinbarung fordert, also wohl davon ausgeht, daß beim Unterbleiben einer ausdrücklichen Bezeichnung das Eigentümer-I vereinbart gilt.

Zuletzt sei noch auf die Regelung der VffR verwiesen. Auch diese enthält zwingende Argumente gegen die Annahme eines objektiven I. Auch die Form der V für Rechnung, wen es angeht, stellt keine V des objektiven I dar. Vielmehr ist auch hier immer

[25] Anders Lenné S. 96 unten, der sich dabei auf Schneider stützt. Schneider geht aber von falschen wirtschaftlichen Voraussetzungen aus, wie noch dargelegt werden wird.

[26] Hellwig S. 558 — [27] Lenné S. 71.

nur ein I, und zwar im Zweifel das reguläre oder irreguläre Eigentum-I versichert. Auch für die Kundenversicherung gilt dieser Grundsatz. In welcher Weise er sich durchsetzt, das zu zeigen, ist eine Aufgabe unserer Arbeit.[28]

[28] Zu der ganzen Frage: Lenné § 8 III S. 60 ff. sowie Kommentar von Gerhard Hagen usw., Zusatz zu § 51 unter 6, 7.

Die Grundzüge der Kunden- versicherung.

Vorbemerkung.

In den §§ 74—80 handelt das Gesetz über den Versicherungsvertrag von der Versicherung fur fremde Rechnung (VffR).

In § 74 bestimmt es diesen Begriff als „Versicherung im eigenen Namen fur einen anderen, mit oder ohne Benennung des Versicherten", die §§ 75—79 enthalten den Ausbau dieses Geschäfts; in § 80 Abs. 1 findet sich eine Auslegungsregel, wonach die Vermutung gegen das Vorliegen einer VffR spricht. § 80 Abs. 2 erklärt die Vorschriften uber die VffR auch dann fur anwendbar, wenn die V „fur Rechnung wen es angeht" genommen, oder wenn sonst aus dem Vertrage zu entnehmen ist, daß unbestimmt gelassen werden soll, ob eigenes oder fremdes I versichert ist, falls sich in einem solchen Falle ergibt, daß fremdes I versichert ist.

Das Gesetz setzt mit diesen letzten Worten das Bestehen und die Zulassigkeit eines vor allem in der Transport-V weitverbreiteten Vertrags voraus, die sich aus den ihr zugrunde liegenden wirtschaftlichen Beziehungen frei und eigenartig entwickelt hat. Es ist das die V fur Rechnung wen es angeht, auch V fur eigene und/oder fremde Rechnung. Ihre jetzige sehr moderne Ausbildung hat sie aber erst seit dem Aufkommen der sog. General-V erfahren; mit dieser verbunden, stellt sie einen besonderen Vertrag für die Bedurfnisse des großen Guterverkehrs dar, sowohl des binnenlandischen wie des überseeischen.

Unter General-V versteht man sowohl die V einer größeren Anzahl Risiken gegen einmalige oder periodisch wiederkehrende Prämie, die sog. Pauschal-V, als auch die sog. laufende V, auch V mit laufender, offener Police genannt. Einzelpolicen kennt diese V'art grundsätzlich nicht; es ist ihr eigentümlich, daß die versicherten Risiken, die nur der Art nach bezeichnet werden, ständig wechseln können.[29]

Die Vorschrift in § 80 Abs. 2 des Gesetzes ist unbestritten nachgiebig, wie die Bestimmungen über die VffR überhaupt. Auch die Regelung der laufenden V ist nicht zwingend;[30] schließlich herrscht auch auf dem ganzen weiten Gebiet der Gütertransport-V Vertragsfreiheit.[31] Die Transport-V ist uberdies der Staatsaufsicht nicht unterworfen.[32]

Somit ist Raum für die freieste Gestaltung. Nur die unerschütterlichen Grundsätze des Rechtes, insbesondere des VR, bilden die Schranken. Wenn einmal, so ist es hier lohnend, in die wirtschaftlichen Dinge einzudringen und zu versuchen, einen ihnen gemäßen Vertrag in großen Zugen abzuleiten und im einzelnen auszufuhren, sei es selbst auf Kosten der Einordnung in schon bekannte Gebilde.

Aus dem Bedürfnis nach leicht sich einpragenden Merkworten heraus fuhren wir folgende Ausdrücke durch.

Die im Mittelpunkt der Betrachtung stehende General-V mit der Klausel „für Rechnung wen es angeht“ soll „Kundenversicherung“ (KV) heißen, ein Wort, das zugleich auf die wirtschaftlichen Grundlagen hinweist, denn sie dient der V der Güter der Kunden des V'nehmers.

Unter „Fremdversicherung“ verstehen wir den wissenschaftlichen Sammelnamen fur die mit der Materie der V fremder I zusammenhängenden Formen. Eine solche erachten wir schon vorliegend, wenn uberhaupt jemals im Laufe des V'verhältnisses ein fremdes I unter V kommt. Somit gehort hierher ebenso die Kunden-V, wie die in § 74 Vvg geregelte V im eigenen Namen mit der unzweifelhaften Abmachung, daß von Anfang an nur fremdes I versichert ist. Diese Form, aber auch nur diese, nennen wir Versicherung fur fremde Rechnung. Die KV ist von ihr, wie sich zeigen wird, grundverschieden.

---

[29] Kommentar von Gerhard, Hagen usw. S. 249, Zusatz II zu § 54 S. 513, Anm. 6 Nr. 3 zu § 129.

[30] § 187 II Vvg.

[31] § 187 I Vvg; infolgedessen ist auch die Pauschal-V, die im Gutertransport zu Hause ist, frei.

[32] § 116 des Aufsichtgesetzes.

Ob es außer der KV und der VffR noch andere selbständige Gebilde gibt, die unter den Begriff der Fremd-V fallen, insbesondere, ob die sog. Wett-V dazu zu rechnen sind, kann dahingestellt bleiben.

Die Fälle der unmittelbaren Stellvertretung fallen jedenfalls nicht unter den Begriff; hier handelt es sich nur um ein I, das des Vertretenen; der Vertreter scheidet aus.

Wir heben hervor, daß vorstehende Unterscheidungen nur für die Sach-V gelten, die der Personen-V gegenüber so wesentliche eigene Züge aufweist, namentlich durch die Notwendigkeit des I und des Schadens, daß eine besondere Würdigung auch der Grundbegriffe gerechtfertigt ist.

ERSTES BUCH.

Die wirtschaftlichen Grundlagen.

I. ABSCHNITT.

Die wichtigsten Fälle der Kundenversicherung.

§ 1.

I. Der rechtliche Aufbau der KV, ihre Abgrenzung gegen ahnliche Gebilde, ihre Stellung im Ganzen der V, mussen aus der Betrachtung der wirtschaftlichen Verhaltnisse gewonnen werden. Deshalb soll nach einem kurzen Überblick uber das Vorkommen dieser V'art bei den Guterverkehrgeschäften im zweiten Abschnitt dieses Buches untersucht werden, wie die wirtschaftlich geschäftlichen Beziehungen das Ziel des V'schutzes und die Grundlagen seiner rechtlichen Ausgestaltung bestimmen.

Auf die Entwicklungsgeschichte der KV kann im Rahmen dieser Darstellung nicht eingegangen werden. Die KV hat sich im Gutertransportgeschaft entwickelt; offenbar ist sie von der in See-V seit langem[33] anerkannten VffR in strengem Sinne abgezweigt worden.[34] Das ADHGB regelt diese Art der V in Abs. 1 des Art. 785; als ihre Abart tritt in Abs 2 die V fur Rechnung wen es angeht, auf.[35] Gesellt sich zu ihr noch die Form der General-V, so liegt, wie in der Einleitung bemerkt, eine KV vor. Also ist die KV von der See-V, genauer, der Seegutertransport-V ausgegangen

II. Die Erfindung der Dampfmaschine gab der KV die Moglichkeit, ihre Brauchbarkeit im Binnenlande zu zeigen; sie folgt der

---

[33] Vgl die von Kohler bei Dernburg VI S. 442 erwahnte Stelle aus Seldon, Society IX p. 52, wonach schon 1562 als Grundsatz der Lombardstreet in London und der Antwerpener Borse festgestellt wurde, daß der Vn eigene wie fremde Waren versichern durfe und daß er durchaus nicht zu bezeichnen habe, welche Guter „are assured for his owne or for any other man's accompte".

[34] Lenné S. 3 unten, S. 5 unten. — [35] Jetzt § 781 HGB.

Lokomotive und dem Schleppdampfer. Hier tritt sie uns vor allem als Spediteur-V fur Eisenbahntransport entgegen und hier vor allem bluht ihr noch ein weites Feld. Denn die große Schiffahrt ist ihren Grenzen nahe, sie umspannt schon heute alle Meere und beruhrt die fernsten Küsten; soweit die salzige Flut sich wiegt, soweit ist die Welt bekannt und befahren. Heute gilt es vielmehr, die unserer schnellarbeitenden Zeit allzulangen Wege und Reisen abzukürzen. Auch vermindert jeder Fortschritt der Schiffbaukunst die Seegefahr uberhaupt. Die Schiffsklassifikation, die Schiffsnachrichten und andere Einrichtungen zur Prufung der Seetuchtigkeit[36] gestatten dem Vr die beste Risikoauslese.

Beim Landtransport dagegen steht der Gutertransport-V, und damit vor allem der KV, noch eine große Entwicklung bevor. Erst seit wenigen Jahren tragen Sibirien und Nordchina die breite russische Schienenspur, deren Netz im Süden bis Afghanistan, im Osten bis Wladiwostock reicht. Kleinasien, Mesopotamien und Persien, die Kap-Kairo-Bahn sind die nächsten Schritte dieser Entwicklung.

Diese erst gegen das Ende des 19. Jahrhunderts begonnene Entwicklung zum Weltverkehr uber die Grenzen der Kontinente hinaus ist nun — und das fallt fur die Transport-V ins Gewicht — keineswegs von der Verminderung der Transportgefahren begleitet. Im Gegenteil, auf lange Zeit wird gerade der Bahnverkehr in unkultivierten und halbkultivierten Landern erhöhte Gefahren haben.[37]

Nun sind zwar die Landtransportgefahren an sich geringer als die des den Elementen ausgesetzten Seetransports; fur den Bereich des Internationalen Übereinkommens und der deutschen Eisenbahnverkehrsordnung vermindern sie sich fur den Ladungsinteressenten und damit auch für den Vr überdies durch die

---

[36] Naheres z. B. bei Herzog S. 101 ff. Dadurch vermindert sich naturlich auch die Moglichkeit der Wett-V; denn die Gesellschaften geben auf nichtklassifizierte Schiffe keine V.

[37] Die Landtransportpolice des Internationalen Verbandes § 2 Abs. 6 enthalt z. B. die Freizeichnung von partiellem Diebstahl (Beraubung) in außerhalb des nationalen Ubereinkommens stehenden Landern, auf dem Balkan und der pyrenaischen Halbinsel.

weite Verantwortlichkeit der ja stets zahlungsfähigen Bahnen.[38] Auch ist die Füglichkeit, das I zu deklarieren,[39] im Erfolg schon eine Art Transport-V, wenn auch eine recht teure. Trotzdem bleiben erhebliche Gefahren ungedeckt; vor allem sind es die Fälle der höheren Gewalt, die von der Rechtsprechung sehr weit ausgedehnt werden,[40] sodann die Fälle ausgeschlossener Haftung der Bahn;[41] auch der Aufenthalt im Zollgewahrsam bringt ungedeckte Gefahren.[42] Sodann besteht das Bedurfnis, zusammen mit den Gefahren des eigentlichen Bahntransportes die der Zu- und Abführung unter V zu bringen, die von der Bahn nur insoweit im Rahmen ihrer Verantwortlichkeit gedeckt werden, als diese Geschafte unter ihrer Mitverantwortlichkeit vorgenommen werden.[43]

Weitere Gefahren birgt die Beforderung durch die Post.[44] Nicht eine eigentliche Transportgefahr, aber die häufige Folge eines Transportunfalles ist schließlich der Umstand, daß die Erstattung des Schadens sich wegen der langwierigen Verhandlungen mit der Bahn unbillig verzogert.

Außer den angefuhrten Gefahren findet die Bahntransport-V ihre besondere Rechtfertigung durch das Bedürfnis, auch den sog. imaginären Gewinn unter V zu bringen, dessen Deckung durch I'deklaration zwar möglich, aber namentlich bei längeren Strecken unwirtschaftlich ist[45]

III. Ohne Zweifel ist die KV im Landtransportgeschäft auf aufsteigendem Wege; soweit uberhaupt ein anderer als der Versender selbst V nimmt, greift sie Platz. Die VffR kommt nur

---

[38] § 84 der Eisenbahnverkehrsordnung, Art. 30 des internationalen Übereinkommens, das gleiche gilt im großen ganzen von den englischen und nordamerikanischen Bahnen.

[39] §§ 92 ff. der VO, Art. 31, 38 des interationalen Übereinkommens.

[40] Die Rechtsprechung faßt — nach Cosack S. 456 — als hohere Gewalt jeden das Frachtgut schadigenden Umstand auf, der von außen her in den Fahrbetrieb eingreift und durch keine der Schutzmaßregeln, die der Bahn billigerweise zugemutet werden konnen, unschadlich gemacht werden kann.

[41] § 86 der VO, Art. 31 des internationalen Ubereinkommens. Darunter fallt vor allem die Bruchgefahr.

[42] Verbandspolice § 11. — [43] § 85 II der VO, Verbandspolice § 12.

[44] Verbandspolice § 35. — [45] Verbandspolice § 15.

vereinzelt vor. Lenken wir unser Augenmerk auf die See- und Binnengewassertransport-V, so beobachten wir einen gewissen Stillstand. Gewiß hat sie auch hier eine große Bedeutung, aber sie ist nicht unentbehrlich. In der V durch Einzelorderpolice gibt es fur viele Bedurfnisse eine andere Moglichkeit der V fremder I im eigenen Namen.[46] Die Orderpolice selbst wieder leitet ihre Entstehung aus den besonderen Verhaltnissen des Seeverkehrs her, woruber in anderem Zusammenhange zu handeln ist. Sie ist keine KV, weil diese grundsatzlich keine Einzelpolice kennt. Andererseits ist sie keine VffR im strengen Sinne. Ihr rechtlicher Ausbau ist vor allem durch die Orderwirkung beeinflußt.[47]

Die Gefahren des Seetransports sind bis ins einzelne erortert worden und bekannt.

Was vom Seetransport gilt, gilt im großen und ganzen auch vom Binnengewassertransport. Die V fremder I und damit die KV spielt aber bei diesem Geschäft deshalb keine große Rolle, weil die Versender vielfach selbst V nehmen; das gilt vor allem für Massenguter. Eine nur auf den Binnenwassertransport beschränkte KV durfte es deshalb kaum geben, dagegen tritt sie nicht selten mit Bahntransport-KV verbunden auf.

IV. Sowohl im Landtransport wie im Seetransport, aber wohl nur ausnahmsweise im Binnenwassertransport, kommt eine nach dem Gegenstand der V ausgezeichnete KV, die Valoren-V, vor. Banken, aber auch Spediteure, nehmen V für Wertsendungen, als gemünztes Geld, Papiergeld, Banknoten, Effekten, Edelmetalle. Es handelt sich dabei vor allem um die mit dem Posttransport verbundenen Gefahren. Diese konnen nun zwar nach §§ 13, 14 der Postordnung durch „Wertangabe“ gedeckt werden, aber nur ausschließlich hoherer Gewalt,[48] und uberdies ist die Gebuhr dafur ziemlich hoch.

Auch diese V, der wegen ihrer sehr großen Werte große Bedeutung zukommt, tritt weit uberwiegend als KV auf, und zwar

---

[46] Fur den Landtransport sind nach dem Wortlaut von § 363 III HGB Orderpolicen zwar moglich, sie sind aber ungebrauchlich.

[47] So auch Schneider in Ztschr. V S. 248 und Josef Kommentar S. 173.

[48] Unabwendbare Folgen eines Naturereignisses, § 8 III des Postgesetzes; vgl. auch Cosack S. 517 ff.

erfolgt sie wohl vor allem durch die Generalpolice für Postwertsendungen des Internationalen Verbandes zur Transport-V von Post- und Eisenbahnwertsendungen.[49]

V. Zu den Güterverkehrsgeschäften gehört auch das Lagergeschäft. Es ist zwar nicht Transportgeschäft im engeren Sinne, dient aber ebenfalls dem Güterumsatz. Weit überwiegend sind es Kaufmannsgüter, die eingelagert werden, die Aufbewahrung von Möbeln, Kleidern usw. spielt im Vergleich damit keine Rolle; soweit solche Gegenstände im Zusammenhange mit einer Reise, z. B. einem Umzug auf Lager genommen werden, liegt übrigens auch hier ein Transportgeschäft vor.[50]

Auch im Einzelfalle tritt das Lagergeschäft sehr oft zusammen mit einem Transportvertrage auf, insbesondere als Nebenleistung des Spediteurs oder der Bahn; trotzdem diese, für sich betrachtet, Lagergeschäft ist, wird z. B. das Umschlaglagerrisiko herkömmlicherweise vom Transport-Vr mit getragen, und zwar — ein dringendes Bedürfnis — auch über die Dauer der Haftung der Bahn hinaus.[51]

Dennoch ist die Lager-V keine eigentliche Transport-V. Hat sie mit dieser auch manche Gefahren gemein, vor allem die der Beraubung, so sind ihr doch vor allem die Feuer- und die Wasserleitungsschadengefahr, sowie die eigentliche Einbruchsdiebstahlgefahr eigen. Auch diese Zweige werden, soweit sie sich mit Lager-V befassen, von der KV beherrscht. Die Lagerhöfe großer Handelsplätze, Spediteure, die das Lagergeschäft mitbetreiben, sind es vor allem, die in dieser Weise V nehmen. Ja, die Lager-V ergreift für den Fall des Fehlens oder des Versagens einer Transport-V selbst die Umschlaggüter des Spediteurs.[52]

Ein Güterverkehrsgeschäft nimmt auch der Kommissionar vor, wenn er Kommissionsware im eigenen Lagerhaus einlagert; man denke an die sehr wertvollen Lager der Leipziger Rauchwarenkommissionäre und der Londoner Rauchwarenauktionshäuser.[53]

---

[49] Abgedruckt im dritten Teil der Sammlung S. 40 ff., vgl. auch Herzog S. 30 ff.

[50] Senkpiehl, Speditionsgeschäft S. 8.

[51] Verbandspolice § 9 II, III. — [52] vgl. § 20 der Arbeit.

[53] Der Einwurf Schneiders in Zeitschr. V S 231 ist verfehlt; daß

VI An diesen Fall schließen sich die an, wo der Verarbeiter oder Bearbeiter eines Stoffes fur die Dauer seines Gewahrsams V, insbesondere gegen Feuer, nimmt Die Betriebe der Wollkämmereien, Lohnfärbereien, Lohnzurichtereien und anderer Veredelungsgewerbe, aber auch der Handwerker, die Reparaturen ausfuhren, bringen die vorubergehende Aufbewahrung von Kundenwaren mit sich. Diese Fälle stehen zwar nur noch in loser Verbindung mit dem Gutertransport, doch macht das wegen der in anderem Zusammenhange darzulegenden Gleichheit der für die V wichtigen Umstande für die Betrachtung der KV keinen Unterschied aus.

Das gilt schließlich auch fur die Fälle, wo der Gütertransport ganz zurücktritt, wie bei der Einstellung von Pferden in Reitställe, von Kraftfahrzeugen in Garagen, sowie die dem Personenverkehr entspringende Einbringung von Sachen in Gasthäuser.

VII. Schon dieser flüchtige Überblick laßt erkennen, daß die KV im Gutertransport und einigen ihm verwandten oder im wesentlichen ahnlichen Gebieten heimisch ist. Bei der weiten und sich ohne Zweifel noch immer erweiternden Verbreitung, die sie gerade als Spediteurpolice und als Lagerhausfeuerpolice mit der Spediteurklausel hat, stellt sie im Handel und Verkehr uberhaupt die Form der V fremder I dar. Die Folge ist, daß die vom Gesetz als Regelfall aufgestellte VffR gegen sie sehr zurücktritt, und zwar am meisten beim Landtransport, weniger beim Seetransport

Außerhalb des Güterverkehrs finden wir ein der KV ähnliches Gebilde in der sog. Betriebshaftpflicht-V, die neuerdings durch § 151 des Vvg in gewisser Beziehung geregelt worden ist. Beruhrungspunkte finden sich auch mit der zwischen Schaden- und Personen-V stehenden, vor den sozialen Gesetzen sehr wichtigen Kollektivunfall-V, anerkannt in § 179 II des Vvg, die namentlich Ehrenberg Anlaß zu Erörterungen gegeben hat.[54]

---

der Kommissionar nicht fur eigene Rechnung kauft, ist kein Geheimnis und nach seiner Argumentation mußte dann auch der Spediteur aus seiner Stellung als Kommissionar heraustreten, wenn er V nimmt. Doch hangt dieser Irrtum wohl mit Schneiders Konstruktion der VffR zusammen.

[54] Iherings Jahrbucher Bd XXX S. 427 ff.

II. ABSCHNITT.

Die wirtschaftlichen Beziehungen bei den Transportgeschäften und die Aufgabe des Versicherungschutzes.

1. Kapitel.

Begrenzung der Aufgabe und vorweg genommenes Ergebnis der Untersuchung.

§ 2.

Nach dem in § 1 gegebenen Überblick soll nunmehr untersucht werden, wie die angedeuteten geschäftlich-wirtschaftlichen Verhältnisse, Beziehungen und Bedurfnisse auf die V einwirken. Die Aufgabe des Vr ist es, den besonderen Bedürfnissen des Güterverkehrs gerecht zu werden. Er kann das, wie im dritten Buche gezeigt werden wird, durch eine eigenartige Konstruktion des V'vertrages erreichen. Um dazu zu gelangen, muß zunachst Klarheit darüber herrschen, welche Rolle die Elemente der V, versicherte Sache, Gefahr und Interesse bei den Transportgeschaften spielen. Bei der Unwandelbarkeit dieser Elemente kann nur ihre besondere, im Vergleich zu anderen Fällen abweichende Behandlung, die besondere Bedeutung, die dem einen oder anderen zukommt, den Ausschlag geben.

Versicherte Sache und Gefahr weisen bei der KV im Vergleich mit anderen Formen der V nichts Eigenartiges auf.

Die Gefahr des Brandes, des Diebstahls, des Zugzusammenstoßes, die dem Eigentumer der rollenden Ware droht, ist die gleiche, wenn er ihren Versand und die V selbst besorgt und wenn er einen Spediteur damit beauftragt. Naturlich werden auch die Transportgüter dadurch nicht andere, daß sie einmal so, das andere Mal so versichert werden.

Wohl aber kommt dem Interesse eine besondere Bedeutung zu. Welche Arten des I kommen vor? Welche I mussen geschützt werden?

Diese Fragen sind es, die in folgendem zu beantworten sind.

Der Übersicht halber wird das Ergebnis vorweggenommen und folgendes behauptet:

Erster Leitsatz.

Die wirtschaftlichen Operationen, in deren Gefolge die KV auftritt, bringen rechtliche Beziehungen mit sich, vermöge deren dem primären Eigentums-I (des Versenders, Einlagerers) stets sekundäre Pfandrecht- und Haftpflicht-I des Verkehrsunternehmers gegenübertreten, die sich bis zur Abwicklung der wirtschaftlichen Operation erhalten.

Zweiter Leitsatz.

Stets gibt der Primär-I die tatsächliche Herrschaft über die Sache auf, um sie für die ganze Dauer der wirtschaftlichen Operation und damit für die ganze Dauer der Versicherung mehr oder minder an den Sekundär-I abzugeben. Der Sekundär-I wird dadurch zum Herrn der Gefahr (dominus periculi), d. h. soweit eine am Bestehen der V interessierte Person das Schicksal des Gegenstandes und die Erfüllung der V überhaupt beeinflussen kann, ist es der Sekundär-I.

2. Kapitel.

Die Fälle im einzelnen.

I. Die eigentlichen Transportgeschäfte.

1. Das Eisenbahntransportgeschäft des Spediteurs und die damit zusammenhängenden Fuhrgeschäfte.

A. Erster Leitsatz.

Der Spediteur hat wichtige eigene Interessen daran, daß das Transportgut versichert ist.

a) Einleitung.

§ 3.

Damit der Erfolg eines Bahntransportes eintritt, müssen, wie bei jedem Transport, mindestens zwei Personen zusammenwirken. Die Bahn ist es, die mit dem ihr gehörigen Transportmittel den Transport selbst ausführt. Der Absender hat der Bahn das Transportgut zu übergeben und muß mit ihr einen Transportvertrag schließen. Dabei ist Absender nur ein verkehrstechnischer

Begriff, es ist der, welcher der Bahn gegenüber als Kontrahent auftritt, indem er den Frachtbrief zeichnet; das muß nicht der sein, der das Gut endgültig aus seiner Hand gibt, es kann vielmehr auch der Empfänger sein, der, bei dem das Gut endgultig zur Ruhe kommt. In diesem Falle wird die Aufgabe des Gutes an die Bahn, der Abschluß des Transportvertrages in der Regel durch einen unmittelbaren Stellvertreter erfolgen.

Jedermann kann also mit der Bahn Transportvertrage abschließen, ohne sich einer Mittelsperson bedienen zu müssen, die dabei eine selbstandige Tätigkeit entwickelt.[55] Diese einfachen Fälle scheiden aus der Betrachtung aus. Überläßt dagegen der Absender den Abschluß des Transportvertrages einem anderen, insbesondere einem Spediteur, so muß auch dieser mitwirken, damit der Erfolg des Transportes eintritt. Der Spediteur schiebt sich zwischen die Bahn und den Absender ein Statt mit der Bahn einen Transportvertrag abzuschließen, schließt der Absender mit dem Spediteur einen Speditionsvertrag ab, wodurch wiederum der Spediteur verpflichtet wird, im eigenen Namen, aber für Rechnung des Absenders, seines Kunden, mit der Bahn den Transportvertrag zu schließen Dieses reine Speditionsverhaltnis, das in § 407 HGB als Regelfall der Tätigkeit des Spediteurs auftritt, steht zwar in der Wirklichkeit an wirtschaftlicher Bedeutung hinter den Fallen zurück, die das Gesetz als Abweichungen von dieser reinen Form bezeichnet, ist aber der Übersicht wegen sehr geeignet, als Ausgang für die Betrachtung der sich an die wirtschaftlichen Vorgänge knupfenden Rechtsfolgen und I zu dienen.

Geht das Gut durch einen infolge einer Transportgefahr eingetretenen Unfall unter oder wird es beschädigt, so entstehen im Falle einer reinen Speditionsoperation zwischen den Beteiligten die folgenden Rechtsbeziehungen:

1. Die Bahn hat dem Spediteur als dem ihr gegenuber als Absender auftretenden Mitkontrahenten des Transportvertrages den Wert des Gutes dann zu ersetzen, wenn der

[55] Auch wenn die Aufgabe des Gutes einem Bahnspediteur ubertragen wird, liegt in Wahrheit nur Stellvertretung vor. Der Bahnspediteur ist aber nicht Stellvertreter des Absenders, sondern der Bahn; in Ansehung der Haftung der Bahn gilt er als ihr Angestellter. § 78 der VO.

Unfall herbeigefuhrt worden ist durch reinen Zufall unter Ausschluß hoherer Gewalt oder durch ein Verschulden der Leute der Bahn. Dabei ist die Haftung der Bahn im allgemeinen auf den gemeinen Wert des Gutes beschrankt. Nur bei Vorsatz und grober Fahrlassigkeit ihrer Leute haftet sie auch fur den sonstigen Schaden (§§ 456 ff. HGB, §§ 84, 88 ff., 95 der VO, Art. 30 des Internationalen Übereinkommens). Den Ersatzbetrag hat der Spediteur an seinen Kunden abzuführen.

2. Der Spediteur hat seinen Kunden vollen Schadenersatz zu leisten, wenn der Unfall beruht auf einer Verletzung derjenigen Sorgfalt, die er beim Abschluß des Frachtvertrages und weiterhin bei der Verfolgung seiner Ausfuhrung durch die Bahn nach § 408 des HGB aufzuwenden hat. Ebenso wie sein eigenes vorsätzliches oder fahrlassiges Handeln hat er das seiner eigenen Angestellten, sowie der von ihm beauftragten Unterspediteure und Zwischenspediteure zu vertreten. Die Unterspediteure, an die er den Speditionsauftrag im ganzen weitergibt, wenn er ihn aus irgend einem Grunde nicht selbst ausfuhrt, gelten dabei schlechthin als seine Angestellten; die Haftung fur den Zwischenspediteur, der nur einen Teil des Speditionsauftrages ubernimmt, kann er dadurch abwenden, daß er nachweist, bei der Auswahl sorgfältig verfahren zu sein.

3. Kein Ersatzanspruch entsteht, wenn der Unfall infolge höherer Gewalt eingetreten oder auf ein Verschulden des Kunden zuruckzufuhren ist. Dann trägt der Kunde den Schaden. Beides hat die Bahn, um sich von ihrer Haftung freizumachen, dem Spediteur als dem ihr gegenuber als Absender auftretenden nachzuweisen (§ 456 HGB, § 84 VO).

4. Der Bahn steht am Gute wegen ihrer Forderung gegen den Spediteur aus dem Transportvertrage ein gesetzliches Pfandrecht zu (§§ 440, 454 HGB, Art. 21 des Internationalen Übereinkommens), dem Spediteur ein gleiches Pfandrecht gegen seinen Kunden wegen seiner Forderungen aus dem Speditionsvertrage (§ 410 HGB).

Geht das Gut durch einen Transportunfall unter, gleichgültig auf welcher der unter 1 bis 3 angegebenen Ursachen er beruht, so *geht* auch *das Pfandrecht unter*; wird das Gut beschädigt, so mindert sich der Wert des Pfandrechts.

Nun ist es, solange der Transport noch nicht beendet ist, ungewiß, ob durch einen Transportunfall das Gut beschädigt oder zerstört wird oder verloren geht, und weiter, ob dieser Unfall auf einen Umstand zurückzuführen ist, den einer der Beteiligten zu vertreten hat. Daraus aber besteht für *jeden* der Beteiligten die bis zur Beendigung des Transportes währende Ungewißheit, ob er durch einen Transportunfall einen Vermögensschaden erleidet, sei es, daß der Kunde das Gut ersatzlos einbußt, sei es, daß die Bahn oder der Spediteur rechtlich verbunden sind, einem anderen Beteiligten eine Geldsumme zu zahlen. Also muß jeder Beteiligte, da er der Natur der Sache nach nicht imstande ist, die Möglichkeit eines Transportunfalles völlig auszuschließen, wünschen, den erlittenen Vermögensschaden wieder ausgleichen zu können, mit anderen Worten, jeder Beteiligte hat ein eigenes, versicherbares I, und zwar der Kunde oder sein Rechtsnachfolger in aller Regel das primäre I des Eigentümers, die Bahn und der Spediteur die sekundären des Haftpflichtigen und des Pfandgläubigers.

Sehen wir diese Beziehungen auf ihre *wirtschaftliche* Bedeutung an, so sind in diesem Regelfalle ganz offenbar die des *Spediteurs* die schwächsten, die der *Bahn* am stärksten Ihre weite Haftpflicht gibt vor allem ihrem Koinzidenzinteresse eine überwiegende Bedeutung. Denn das des Spediteurs ist, da es sich nur auf seine Haftung aus dem *Speditions*vertrage und auch nur auf *Verschulden* gründen kann, verhältnismäßig gering. Dem I des Kunden, der die Folgen der höheren Gewalt trägt, kommt eine mittlere Bedeutung zu; es steht zwischen dem der Bahn und des Spediteurs.

So hat für den von uns bisher angenommenen gesetzlichen Regelfall des § 407 HGB die Verteilung des I'gewichts jedenfalls keine Bedeutung als wesentliche Grundlage für die Ausgestaltung der V; der Vn, also der Spediteur, hat an ihr jedenfalls kein größeres I als der Vt, der Kunde.

Allein das gilt nur in diesem vom Gesetz angenommenen Regelfalle. *Tatsächlich* aber bildet dieser Regelfall die Ausnahme und in der Mehrzahl der Fälle, wo der Spediteur tätig wird, ist die I'lage ganz anders und verschiebt sich das Schwergewicht auf die Seite des Spediteurs.

Meistens namlich beschrankt sich der Spediteur nicht auf den Abschluß des Transportvertrages, sondern er übernimmt auch seine Ausführung Es sind das die Fälle der §§ 412, 413 HGB: Selbsteintritt, Frachtubernahme und Sammelladung. Dadurch aber verscharft sich auch seine Haftpflicht. Er haftet dann seinem Kunden wie der Frachtfuhrer, dem die Ausfuhrung des Transportes auf der Strecke obliegt, wo der Unfall eintritt.[56] Neben oder an die Stelle seiner Haftung aus dem Abschluß des Transportvertrages, der reinen Spediteurhaftung, tritt die aus seiner Ausfuhrung, die Frachtfuhrerhaftung. Er haftet dann, soweit es sich um Bahntransport handelt, auch für Zufall und hat uberdies, wenn er sich von der Haftung befreien will, den Beweis der höheren Gewalt oder des eigenen Verschuldens des Kunden zu führen, worin eine weitere tatsächliche Verschärfung liegt.

In diesen Fallen kommt seine Haftung der der Bahn nicht nur stets gleich, sondern sie kann unter Umständen sogar schärfer sein als diese. Da nun, wie schon erwähnt, die Pfandrecht-I des Spediteurs an sich schon größer sind als die der Bahn — sein Pfandrecht besteht nicht nur für die Auslagen an Fracht und Zoll, sondern auch fur seine Provision und in manchen Fällen als Vertragliches auch für Vorschusse auf das Gut — so ergibt sich, daß sowohl das Koinzidenz-I, wie auch das Konkurrenz-I des Spediteurs in den häufigsten und wichtigsten Fällen großer ist als das der Bahn und damit auch weit großer als das Primär-I des Kunden.

Aber selbst unterstellt, den I des Spediteurs käme im Hinblick auf die im Vergleich damit immerhin noch sehr erheblichen I der Bahn keine geradezu überwiegende Bedeutung zu: dieser Gesichtspunkt scheidet aus der Betrachtung aus, weil die Bahn, obwohl sie an sich I ist, am Bestehen einer V deshalb kein I hat, weil sie ihre eigenen I auf andere Weise schutzen kann. Die Bahn ist einer der großten Selbst-Vr. Ihr Betrieb erlaubt ihr, die ihn bedrohenden Gefahren der Haftpflicht und des Pfandrecht-

[56] Vgl. Senkpiehl S. 314.

verlustes ohne Hilfe eines Vr abzuwenden. Denn für sie sind solche Schäden keine ihre Wirtschaft erschütternden außergewöhnlichen Ereignisse, sondern Betriebsunkosten, deren Höhe sie berechnen und von vornherein durch Bemessung ihrer Frachten in der einfachsten Weise und ohne besondere Kosten ausgleichen kann. Diese besonderen Umstände ermöglichen ihr sogar, V'geschäfte zu machen; die von ihr zugelassene Deklaration des I an der Lieferung — §§ 92 ff. VO — ist im ganzen genommen nichts anderes, als eine Transport-V.[57]

Da also die Bahn als I am Bestehen einer V ausscheidet, so kann sich die weitere Untersuchung darauf beschränken, die sekundaren Interessen des Spediteurs auf ihre wirtschaftliche Bedeutung zu betrachten. Sind sie stark genug, um das Wesen und die rechtliche Gestaltung der Transport-V zu beeinflussen?

b) Die Koinzidenzinteressen.

§ 4.

I. Die Haftpflicht des Spediteurs als solcher ist in § 408 HGB umschrieben. Er hat in dieser Stellung nur wenig Gelegenheit, haftpflichtig zu werden; seine Haftung wird immer nur durch Verschulden, Verletzung der Sorgfalt eines ordentlichen Spediteurs beim Abschluß, bei der Überwachung der Ausfuhrung des Transportvertrages und in bezug auf die Beachtung der Weisungen des Kunden, begrundet. Da er fur seine Angestellten haftet — § 278 BGB — so wird er vor allem die Folgen von deren Nachlässigkeit tragen. Seine Haftpflicht erweitert sich sodann im Hinblick darauf, daß er auch für die Versehen der von ihm beauftragten Unterspediteure und Zwischenspediteure aufkommen muß.[58]

---

[57] Man kann daraus nicht herleiten, daß die Interessendeklaration die anderweite Transport-V uberflussig mache; sie ist, namentlich fur weitere Strecken, viel zu teuer und paßt sich den besonderen Bedurfnissen der einzelnen Falle zu wenig an.

[58] Eine ganz andere Frage ist die, ob durch schuldhafte Handlungen solcher „Reprasentanten" der Anspruch gegen den Vr verwirkt wird, wenn der V'fall auf deren Handlungen zuruckzufuhren ist. Vgl. auch Gierke in Leipz. Zeitschr. III S. 721: „Die Haftung des Vn fur fremdes Verschulden", und besonders Note 27 auf S. 742, wo Gierke mit Recht in Zweifel zieht, ob die historische Schärfe der Haftung des Vn fur die Binnentransport-V am Platze ist.

Doch steht ihm wenigstens in Ansehung des Zwischenspediteurs der Entschuldigungsbeweis sorgfaltiger Auswahl frei, der ihm wohl meist leicht gelingen wird.[59] Aus der Ausfuhrung des Transportes können ihm tatsächlich niemals Schwierigkeiten entstehen; er haftet zwar fur die Auswahl des Frachtführers; da er in unserem Falle aber stets die Bahn wahlt, so wird ihm wohl niemand im Ernst mit der Behauptung, er sei nicht sorgfältig verfahren, naher kommen.

Eher schon konnen Schwierigkeiten entstehen, wenn der Spediteur von den Weisungen des Kunden abweicht. Er ist wegen der gebotenen Schnelligkeit oft genotigt, eigenmachtig zu handeln. Das tut er auf seine Gefahr und wenn er auch nur dann in Anspruch genommen werden kann, wenn ein Transportunfall in ursächlichem Zusammenhange damit steht, so ist er doch deshalb tatsachlich in solchen Fällen oft in einer ungünstigen Lage, weil der Kunde dann die Neigung hat, diesen Zusammenhang bis zum Beweise des Gegenteils zu unterstellen. An der Vermeidung solcher Verwicklungen und Rechtsunsicherheiten hat er ebenso I, wie daran, rechtlich nicht gezwungen zu sein, Schaden zu ersetzen, denn er will nicht mit seiner Kundschaft prozessieren.

Die Ruckgriffsrechte des Spediteurs sind rechtlich zwar vorhanden, wirtschaftlich aber so gut wie wertlos, soweit die eigenen Angestellten in Betracht kommen. Greift der Spediteur aber auf Unterspediteure oder Zwischenspediteure zuruck, so entstehen dieselben rechtlichen und tatsachlichen Beziehungen in deren Person.

Immerhin kann schon ein einziger aus der reinen Spediteurhaftpflicht entspringender Schaden die Existenz des Geschäfts gefahrden. Der Wunsch des Spediteurs, sich in vernunftigen Grenzen auch gegen die aus dem Verschulden seiner Angestellten und Geschaftsfreunde entstehende Verantwortlichkeit zu decken, ist sehr gerechtfertigt. Das heutige Speditionsgeschaft arbeitet mit geringem Nutzen. Deshalb kann der Spediteur außergewohnlich große Einbußen, die ihn unvermutet treffen, nicht selbst decken. Er muß daher die sowieso gegebene Notwendigkeit, die

[59] So Senkpiehl S. 140, 146.

Guter gegen eigentliche Transportgefahren unter V zu bringen, ausnutzen, um zugleich sein Haftpflicht-I zu decken.

Aber nicht nur diese einmal gegebenen wirtschaftlichen Umstände rechtfertigen seinen Wunsch nach Schutz: in den seltensten Fällen wird ein wirklich vorwerfliches Verschulden der Angestellten vorliegen, meist sind es Versehen, die an der Grenze des Unvermeidlichen, der Fahrlässigkeit allerleichtesten Grades liegen. Also spricht auch ein innerer, im Wesen des Betriebes liegender Grund fur dieses Bedurfnis und gegen die in § 130 I Vvg getroffene, vom Regelfall abweichende Vorschrift [60]

II. Allein der großen Haftpflichtgefahr, die den Spediteur ständig umlauert, wird man sich erst dann recht bewußt, wenn man die Falle ins Auge faßt, wo er dem Versender gegenuber die Stellung des Frachtfuhrers hat

Es sind folgende Falle·[61]

a) der Selbsteintritt nach § 412 HGB,
b) die Übernahme der Spedition „zu fixen Spesen" nach § 413 I HGB,
c) die Sammelladung nach § 413 II HGB.

Im Falle a gibt der Spediteur seine Stellung als Spediteur nicht auf, eignet sich aber trotzdem die eines Frachtfuhrers an. Der praktisch häufigste Fall ist der, daß er den Transport zur Bahn mit eigenem Geschirr besorgt; dann ist er fur diesen Teil des Transportes Spediteur und Frachtfuhrer. (Senkpiehl §§ 230 bis 233.)

In den Fällen b und c dagegen gibt der Spediteur seine Stellung als solcher ganz auf und eignet sich die eines Frachtfuhrers an. Es herrscht Streit, ob er daneben noch die Spediteurstellung behalt Fur unsere Erorterung ist er im ganzen nebensachlich.[62]

In allen diesen Fallen haftet der Spediteur dem Kunden in demselben Umfange und in demselben Grade, als wenn er derjenige Frachtfuhrer ware, der den Transport tatsachlich ausfuhrt; er haftet also wie ein Landfrachtführer nach § 429 HGB fur jeden Schaden, der durch die Sorgfalt eines ordentlichen Frachtfuhrers nicht abgewendet

---

[60] Vgl. Note 58 am Ende. — [61] Senkpiehl S. 308.

[62] Senkpiehl S. 315 und die dort angefuhrten Schriftsteller.

werden kann,[63] wenn entweder seinem Rollkutscher eine Fahrlassigkeit zur Last fallt, z. B beim Aufladen oder Abladen einer Kiste, oder wenn das einem von ihm beauftragten Rollfuhrunternehmer widerfährt, den er — nachdem er den ganzen Transport zu fixen Spesen ubernommen hat — mit der Anrollung beauftragt hatte. Er haftet wie die Eisenbahn, wenn das Gut auf der Bahnreise durch Zufall beschadigt wird oder abhanden kommt. Er tragt also neben oder statt seiner Verantwortlichkeit fur den Abschluß des Transportvertrages auch die fur seine Ausfuhrung Diese Haftung trifft den Spediteur besonders empfindlich und sehr wenig gerechtfertigt dann, wenn das Gut einen äußerlich nicht erkennbaren Schaden, z. B. Bruch, bereits vor dem Beginn des von ihm zu verantwortenden Transportes erlitten hat. Das kann sehr oft vorkommen. Es handelt sich um die haufigen Falle, wo dem Spediteur vom Fabrikanten eine Sendung zugeht mit der Weisung, diese nach Verfugung eines anderen, namlich des Exporteurs, dem der Fabrikant liefert, zu behandeln; der eigentliche Kunde ist der Exporteur, der den Spediteur mit der Weiterbeforderung der Sendung beauftragt. Stellt sich bei der Ankunft der Sendung, wenn der endgultige Empfanger sie in die Hande bekommt, der Schaden heraus, so ist es so gut wie unmoglich, festzustellen, ob er sich auf der Reise zum Spediteur oder auf der zweiten Reise ereignet hat. Erfahrungsgemäß versucht der Kunde sich dann an den Spediteur zu halten, und diesem entstehen Unannehmlichkeiten, mag — rein rechtlich betrachtet — er deshalb nichts zu befürchten haben, weil der Kunde ja beweisen muß, daß der Schaden auf der zweiten Reise eingetreten ist. Doch wird in der Regel dem Spediteur entgegengehalten werden können, daß bei der Aufgabe der Sendung durch ihn diese offenbar unbeschadigt war, und so bleibt schließlich doch ihm der Nachteil der Beweislast.

Ein weiterer Fall, wo der Spediteur den Regreß gegen die Bahn verliert, ist folgender: Zur Erreichung großter Schnelligkeit ist es oft geboten, die Bahnreise in Abschnitte zu zerlegen und fur jeden Abschnitt die dort mogliche schnellste Beforderungsart zu wahlen. Das kommt naturlich im deutschen Eisenbahn-

[63] Und das muß er beweisen!

gebiet nicht vor, wohl aber, wenn eine Sendung die Bahnen verschiedener Länder benutzen muß. Die Folge davon ist, daß an der Grenzstation die bis dahin adressierten Güter umgeschlagen, d. h. von einem Vertreter des Spediteurs von der ersten Bahn abgenommen werden, um sofort — gegebenenfalls unter Erledigung der Verzollung — der zweiten Bahn zur Weiterbeforderung aufgegeben zu werden. Die Verhältnisse gestatten es nicht, Schäden, die auf dem Transport bis zur Grenze eingetreten sind, mit Verbindlichkeit gegenuber dieser Bahn festzustellen, vielmehr stellen sich diese erst nach Abnahme von der zweiten Bahn heraus. Es handelt sich dabei vor allem um Beraubung von Kisten und Ballen, die äußerlich nicht erkennbar ist. Der Regreß gegen die Bahnen ist unter diesen Umständen sehr erschwert.

III. Der praktisch wichtigste Fall ist aber der, daß ein vom Spediteur in Sammelladung expediertes Kollo während der Bahnreise abhanden kommt, sei es, daß es tatsächlich zerstört wird oder daß es bis zum Ablauf von 30 Tagen nach der voraussichtlichen Ankunft (Ablauf der Lieferfrist) dem Empfanger von der Bahn nicht ausgeliefert werden kann, in welchem Falle auch hier als Ursache des Verlustes ein die Haftung ausschließender Umstand vermutet wird (§ 86 II VO, § 90 II VO, Art. 31, II des Internationalen Übereinkommens).[64]

Hier ist der Spediteur in einer besonders ublen Lage. Er selbst haftet seinem Kunden mit der vollen Haftung der Bahn, und zwar so, wie die Bahn haften wurde, wenn sie das Kollo zur gewohnlichen Beforderung als Stückgut angenommen hätte, wahrend ihm, dem Spediteur, die Bahn nicht voll, sondern unter den Beschränkungen des § 86 Abs. 1 Ziff. 3 haftet, d. h. sie haftet nicht fur die einzelnen Stucke der Sammelladung, sondern nur fur die Ankunft des Sammelladungswaggons.[65] Nur wenn es dem Spediteur gelingt, der Bahn ein Verschulden ihrer Leute[66] nachzuweisen, oder zu beweisen, daß der Schaden nicht auf einer der freigezeichneten Gefahren beruht, kann er sie trotzdem in

[64] Zahlreiche Beispiele bei Eger: Internationales Ubereinkommen S. 363.

[65] § 56 I d, § 61 IV VO.

[66] Sehr haufig sind Schaden durch Rangierstoße; Verschulden wird nur bei außergewohnlich heftigen angenommen; einen solchen muß der Spediteur beweisen! S. S. Z. 1912 Nr. 51 S. 711.

Anspruch nehmen. Die weitere Voraussetzung eines solchen Anspruchs ist aber, daß der Bahn nachgewiesen wird, daß das verlorene Stuck uberhaupt mit verladen worden ist; die Bahn ubernimmt, wie gesagt, nur den Transport des Waggons, nicht die einzelnen Kolli. Der Frachtbrief lautet uber den Waggon, nicht über seinen Inhalt im einzelnen. Die an sich mogliche amtliche Zahlung oder Wägung ist umstandlich und nicht ublich. So ist der Spediteur oft tatsächlich nicht imstande, sich bei der Bahn fur seine Haftpflicht gegenuber seinem Kunden Regreß zu holen, weil er den Beweis gegen die gesetzlichen Vermutungen nicht erbringen kann.

Bei der immer zunehmenden Ausbreitung des Sammelladungsverkehrs ist dieser Haftpflichtfall für alle Beteiligten von großer Bedeutung. Nun kann sich der Spediteur zwar auf sehr einfache Weise gegen diese Schaden decken, indem er — und das ist fast durchgängig der Fall — fur solche Fälle, wo er nach dem Gesetz als Frachtfuhrer haftet, diese seine schärfere Haftung ausschließt; auch die Beforderungsbedingungen des Vereins deutscher Spediteure, ja wohl die aller örtlichen Vereinigungen enthalten diese Klausel[67] und der große Verkehr mag an sie bereits gewohnt sein.[68] Aber diese Lösung ist unbillig; sie vertragt sich nicht mit dem Wesen des Speditionsgeschäftes, das eben einmal ein riskantes Geschäft ist. Darin, daß der Kunde auf den Spediteur nicht nur die Sorge fur die Aufgabe des Gutes, sondern auch die für die gluckliche Ankunft abwälzen kann, liegt gerade das Wesen und der Grund fur die Unentbehrlichkeit derartiger Hilfsgeschafte fur den Verkehr. Nur der Spediteur kann die Gefahren der Reise ubersehen, seine Erfahrung ermoglicht ihm, sie tunlichst einzuschränken, sowohl dem Bedurfnis nach Billigkeit und Schnelligkeit als auch dem nach Sicherheit am besten zu genugen.

Deshalb ist die Abwalzung der verschärften Haftpflicht ein Fehler,[69] diese Lösung liegt letzten Endes

---

[67] Vgl. Allg. Bef.-Bed. Nr. 8, 9 II.

[68] Vereinzelt findet sich sogar die (aus dem Seetransport stammende) Klausel „fur alle Schaden, die durch V gedeckt werden konnen!“

[69] Neuere Entscheidungen des OLG Hamburg halten die Abwalzung ubrigens fur dem Wesen der Frachtubernahme widersprechend und deshalb

weder im Interesse des Spediteurs noch in dem seines Kunden Das erklart sich aus folgenden Erwägungen:

Der Kunde muß sich und seinen Abnehmer natürlich gegen den Verlust des Gutes schutzen Er kann deshalb eine Transport-V im eigenen Namen, speziell oder laufend, nehmen. Er irrt sich aber, wenn er glaubt, nunmehr auch gegen die Gefahr der Sammelladung gedeckt zu sein. Sein Vr hält ihm nämlich entgegen, daß der Kunde (der Vt) einen Ersatzanspruch gegen einen Dritten aufgegeben habe und daß er, der Vr, nach § 67 Vvg deshalb insoweit freigeworden sei, als er hatte von dem als Frachtfuhrer haftenden Spediteur Ersatz erlangen konnen.[70] Mindestens wird er dazu sehr geneigt sein; in diese ungunstige Lage kommt der Kunde gerade deshalb haufig, weil die scharfe Konkurrenz der Transport-Vr neuerdings dazu fuhrt, daß bei der Bemessung der Pramie die Moglichkeit des Regresses stärker berucksichtigt wird als fruher, ein sehr bedenkliches Verfahren.

Was von dieser typischen Sammelladungsgefahr gilt, das gilt auch von den anderen Fällen, wo der Spediteur kraft besonderer Abmachungen dem Kunden, entgegen dem Gesetz, nur als Spediteur haftet, wahrend er selbst keinen unbeschrankten Regreß an die Bahn mehr hat, weil er eine Beforderungsart wahlt,

---

wirkungslos, soweit es sich um den Ausschluß der Haftung fur Versehen der Frachtfuhrer handelt! Fur Zufall soll der Ausschluß offenbar zulassig sein. S. S. Z. 1912 S. 50, Nr. 693.

[70] Es handelt sich um einen erst nach Beginn der V'operation des Kunden mit seinem Vr erfolgten Verzicht auf gesetzliche Haftpflicht, anders, wenn der Kunde erst verzichtet und unter Anzeige hiervon V genommen hatte (was aber nie vorkommen wird). Deshalb greift § 67 ein und Senkpiehl irrt, wenn er meint, es liege kein Verzicht auf Anspruche vor, da diese gar nicht entstehen. Vgl. auch Verbandspolice § 2 V, wo es heißt: „die V'gesellschaft haftet außerdem insoweit nicht, als der V'nehmer oder dessen Beauftragte die Eisenbahn von ihrer Haftpflicht durch Ubereinkunft entbunden haben", § 2 VI: „Ausgeschlossen ist ferner die Gefahr des Diebstahls bei Transporten innerhalb von Landern, welche nicht zum Internationalen Ubereinkommen beigetreten sind und bei Transporten uber die europaischen Grenzen dieser Lander, die beigetreten sind, hinaus, sowie in Ansehung derjenigen Guter, deren Auf- und Abladung vom Absender bzw. Empfanger besorgt wird, also auch bei Sammelladungen, wenn die Eisenbahn den Inhalt des betreffenden Wagens nicht nach Stuckzahl oder Gewicht usw. . . . ubernommen hat."

bei der die Bahn nur fur Verschulden oder nur fur die in § 86 VO vorgesehenen speziellen Gefahren haftet.

Hieraus konnen fur alle Beteiligten, besonders aber den Spediteur, die großten Unannehmlichkeiten entstehen. Der von seinem Vr im Stich gelassene Kunde wird sehr leicht geneigt sein, gegen den Spediteur vorzugehen, mit der Abtretung der Rechte des Spediteurs gegen die Bahn wird ihm nur wenig gedient sein, zumal, wenn er mit den Reklamationsvorschriften usw. nicht Bescheid weiß. Selbst wenn der Spediteur in einem Prozeß obsiegt, so ist er doch geschädigt Denn diesen Kunden wird er wohl einbüßen.

In diese Lucke zu treten, ist die Aufgabe des Transport-Vr; hier liegt ein Fall vor, wo die KV ihre praktische Brauchbarkeit und ihr Wesen ganz besonders deutlich zeigt. Dem Vr des Kunden kann nicht zugemutet werden, das Sammelladungsrisiko mit zu ubernehmen, denn er hat keinen Anhalt dafur, wie weit er dem Spediteur des Kunden trauen darf. Er kennt ihn ja gar nicht; er kann seine geschaftliche Leistungsfähigkeit nicht übersehen und nicht berechnen, wie sich sein Risiko durch die Übernahme dieser Gefahren steigert. Anders der Vr des Spediteurs Dieser weiß, mit wem er zu tun hat Er hat es in der Hand, beim Abschluß eines General-V'vertrages ein fur allemal aus seiner Erfahrung über die Leistungsfahigkeit und den Umfang des Betriebes, uber die personliche Peinlichkeit der Inhaber und Angestellten, kurz den Ruf des Spediteurs sich schlussig zu machen und darauf seine Prämienbemessung auch insoweit aufzubauen, als er Gefahren wie die der Sammelladung mit übernimmt. Dadurch werden alle Schwierigkeiten gelöst. Der Vr ubernimmt gegenüber dem Kunden die Sammelladungsgefahr unter Verzicht auf Regreß gegen den Spediteur und so kann ihm dann ganz gleichgültig sein, ob der Spediteur seine Haftpflicht ausgeschlossen hat oder nicht. Hat er sie ausgeschlossen. so schadet das dem Kunden deshalb nichts, weil der Vr auch diesen Fall deckt; hat er sie nicht ausgeschlossen, so haftet ihm der Vr natürlich erst recht, aber auch dem Spediteur entsteht kein Nachteil.[71]

---

[71] Dieses Ergebnis zeigt ubrigens, wie wenig § 148 Vvg auf die Guter-

IV. Im Anschluß an diese Erörterung über die Sammelladungsgefahr sei hervorgehoben, daß das Haftpflicht-I des Spediteurs oft nicht sowohl eigentlich darin besteht, einen rechnerisch feststellbaren Vermögensschaden zu vermeiden, der ja immer nur eintritt, wenn ein Fall wirklicher, nachweisbarer Haftpflicht[72] vorliegt, sondern vielmehr in den meisten Fällen darin, keine Differenzen mit dem Kunden zu bekommen und deshalb Haftpflichtprozesse führen zu müssen. Sein I, nicht zahlen zu müssen, verwandelt sich gewissermaßen in ein I, nicht prozessieren zu müssen, denn schon der Prozeß an sich, selbst wenn er ihn schließlich gewinnt, bringt ihm Schaden, den ihm niemand ersetzt, und beeinträchtigt seinen Erwerb. Dieses I ist ganz typisch für alle Fälle, wo jemand, nicht nur der Spediteur, sich durch die Besorgung fremder Angelegenheiten, insbesondere wenn damit die Obhut für fremde Güter verbunden ist, seinen Erwerb verschafft, daraus sein Geschäft macht; es ist ein I am ungestörten Gang seines Betriebes. Auch diese Sicherheit kann der Vr dem Spediteur und den in ähnlicher Lage befindlichen Kaufleuten (Lagerhalter, Frachtführer) verschaffen. Gewiß ist damit die Gefahr verbunden, daß es der Spediteur mit der Anerkennung von Haftpflichtansprüchen gegenüber der Kundschaft leicht nimmt, aus anderer Leute Tasche nobel ist, aber gerade im Speditionsbetriebe wird diese Gefahr geradezu automatisch wieder ausgeschaltet dadurch, daß in den wichtigsten Fällen endgültig nicht vorhandener Haftpflicht des Spediteurs in der Bahn ein stets solventer, regreßpflichtiger Schuldner vorhanden ist, an den sich der Vr wegen der ihm abzutretenden Rückgriffsansprüche des Spediteurs halten kann. Mit anderen Worten: mit Hilfe des Vr kann der Spediteur immer seinen Kunden, ohne sich selbst zu belasten, zufriedenstellen und dadurch seinen Betrieb leistungsfähig erhalten, endgültig aber doch den Schaden auf den

---

transport-V, wo die KV des Spediteurs eine so große Rolle spielt, paßt. Ohne einen ausdrücklichen Regreßausschluß konnte der Vr gegen den Vn aus den Haftpflichtansprüchen des Vt vorgehen! Offenbar hat man hier nur an die Schiffkollision gedacht. Vgl. Gerhard-Hagen, Kommentar.

[72] D. h. einer Haftpflicht, von der sich der als Frachtführer haftende Spediteur nicht durch Nachweis des Ausschlusses derselben befreien kann! Denn an sich muß ja nicht der Kunde, sondern der Spediteur beweisen.

wirklich Schuldigen oder Verantwortlichen, die Bahn, abwälzen. Der Vr ermoglicht ihm, den Kunden zufriedenzustellen, ohne zunachst feststellen zu mussen, wer im letzten Grunde den Schaden trägt. Das Risiko schrumpft also für den Vr wesentlich zusammen.

Ein solches Verfahren entspricht dem Bedurfnis des heutigen Verkehrs nach schneller Abwicklung der Beziehungen.

V. Den bisher betrachteten Fallen der Haftung des Spediteurs fur die Ausfuhrung des Eisenbahntransportes ist es, wie schon angedeutet, eigen, daß der Spediteur meist den Rückgriff auf die Bahn hat, also sich bei einem zahlungsfähigen Schuldner, der ihm in einer Reihe von Fallen im selben Maße haftet, wie er, erholen kann, mag die Durchsetzung dieses Anspruches im Einzelfalle oft auch schwierig sein. In einigen anderen, ebenfalls wichtigen und häufigen Fällen verscharfter Haftung ist die Lage des Spediteurs deshalb ungunstiger, weil ihm als Ruckgriffsschuldner, als letzter Haftpflichtiger nur sehr wenig zahlungsfahige Personen zur Verfugung stehen, und weiter, weil ihm diese nur fur Verschulden, nicht aber für Zufall haften.

In sehr vielen Fallen nämlich übernimmt der Spediteur neben der Ausfuhrung des Bahntransportes die Beförderung des Gutes von der Abgangsstation und nach der Ankunftsstation, die sog. Abrollung und Zurollung, und weiter die einstweilige Lagerung vor und nach dem eigentlichen Bahntransport.

Hat nun weiter der Spediteur zu fixen Spesen nach § 413 HGB abgeschlossen oder macht er von der Füglichkeit, in Sammelladung zu befordern, nach § 413 II HGB Gebrauch, oder schließlich vom Selbsteintritt nach § 412 HGB, und bildet seine hauptsachlichste Leistung die Ausfuhrung des Bahntransportes, so haftet er seinem Kunden nicht nur für die während des Bahntransportes vorkommenden Unfälle, sondern für den ganzen Transport, einschließlich etwaiger vorübergehender Lagerung mit der Zufallshaftpflicht der Bahn.[73]

Aus diesem Rechtsverhaltnis drohen ihm ganz außergewohnlich

---

[73] Beachte § 75 II VO. und Art. 30 des Internationalen Ubereinkommens in Verbindung mit § 68 des deutschen Betriebsreglements, wonach die Bahnhaftung nur bis Ablieferung reicht, der gleich steht die an Zoll- und Resivisionsschuppen, Spediteur, Lagerhauser (Eger, Internationales Ubereinkommen S. 534).

schwere Schäden, und zwar insbesondere dann, wenn er diese den eigentlichen Bahntransport vorbereitenden Geschäfte tatsächlich selbst, d. h. durch seine eigenen Leute, vornehmen läßt. Das ist sehr häufig der Fall; sehr viele binnenländische Spediteure, weniger die in den Hafenstädten, betreiben gleichzeitig das Rollfuhrgeschäft und halten sog. Speditionslager. Die einzige Deckung zum Ausgleich der verschärften Haftung ist hier der Rückgriff gegen die eigenen Leute wegen deren Verschulden, also Markthelfer, Kutscher, Packer und Lagerarbeiter, die fast niemals in der Lage sein werden, den von ihnen angerichteten Schaden auch nur annähernd zu ersetzen.

Aber auch, wenn der Spediteur sich zur Einlagerung oder zur Abrollung und Anrollung eines an sich zahlungsfähigen Unternehmers, also eines Rollfuhrunternehmers oder eines Lagerhauses bedient, gewähren ihm diese immer nur Deckung, soweit sie ein Verschulden am Unfall oder am Brande trifft, die Zufallshaftung nimmt ihm dagegen niemand ab.

Diese Aufgabe kann vielmehr auch für diese Fälle in rationeller Weise nur der Vr des Spediteurs lösen. Das gilt in erster Linie für die Fälle, wo der Spediteur diese Geschäfte auch tatsächlich in sich macht, weniger dringend ist das Bedürfnis dann, wenn er sich anderer Unternehmer bedient; hier greift die KV dieser Unternehmer in erster Linie Platz, die des Spediteurs nur als Ergänzung. Darin zeigen sich die Grenzen der Ausdehnbarkeit der KV des Spediteurs. Das gilt auch für die Gefahren, denen die Transportgüter im eigenen Lager des Spediteurs ausgesetzt sind. Es ist durchaus üblich, daß die Transport-V des Spediteurs zur Voraussetzung eine Lagerfeuer-V hat, damit wenigstens die Feuersgefahr den Transport-Vr nicht in erster Linie trifft. Ergänzend tritt aber auch hier die Transport-KV ein. In dieser Eigenschaft ist sie aber geradezu ein Bedürfnis für den Verkehr; denn es ist undurchführbar, daß der Spediteur sämtliche Lagerräume, wo er möglicherweise Speditionsgut einlagert, insbesondere die der Bahn gehörigen — wo die Güter nicht auf Gefahr der Bahn, sondern des Spediteurs lagern, wenn er sie vorläufig dort eingelagert hat, aber auch die Zollager unter Feuer-V bringt. Dieses Risiko kann kein Feuer-Vr übernehmen. Hier muß der Transport-Vr des Spediteurs eingreifen.

Über die Bedeutung, die die Spediteure diesen Fragen mit Recht beimessen, gibt die Speditions- und Schiffahrtszeitung vielfach Aufschluß. Vgl. z. B. Jahrgang 1912 Nr. 16, 17, 28, 31, 35.

VI. Ein besonders geartetes Koinzidenz-I hat der Spediteur dann, wenn er zugleich unmittelbarer Besitzer zugunsten eines Pfandrechtes ist, das einem Gläubiger des Primärinteressenten zusteht. Solche Fälle sind auch im Landtransportgeschäft nicht selten. An die Stelle der Übergabe des Konnossements tritt hier die Einräumung des mittelbaren Mitbesitzes an den Gläubiger, z. B. die Bank, welche auf die schriftliche Erklärung des ihr vertrauenswürdigen Spediteurs, daß die Sendung in einer Weise abgefertigt ist, die den Kunden vom Zugriff fernhält, z. B. durch Adressierung an einen Adreßspediteur, die Sendung beleiht. Dieses aus der Haftung gegenüber einem anderen entspringende I, das dann berührt wird, wenn infolge eines Versehens der Leute des Spediteurs das Gut betroffen wird — darin liegt eine Verletzung der aus dem Besitzeinräumungsvertrag mit dem Gläubiger beruhenden Vertragspflicht sorgfältiger Gebahrung mit dem Pfand — kann man das *Treuhänderhaftpflicht-I* nennen.

c) Die Konkurrenzinteressen.

§ 5.

I. Neben dem aus seiner Haftpflicht entspringenden I hat der Spediteur an der Erhaltung des Gutes aus dem Grunde I, weil ihm das Gut als *Pfand* für seine Forderungen gegen den Kunden dient.

Sein gesetzliches Pfandrecht deckt sowohl seine Speditionsprovision wie seine Auslagen. Bei der reinen Spedition stellt sich die Auslagenersatzforderung als Forderung auf Abnahme der für Rechnung des Kunden eingegangenen Verbindlichkeiten dar, bei der schon besprochenen Abweichung von dieser Form — §§ 412, 413 HGB — ist sie in der Forderung auf Bezahlung des Übernahmepreises mit enthalten.

Diesem Pfandrecht kommt große wirtschaftliche Bedeutung zu; ohne dieses könnte der Spediteur für ihm unbekannte oder als unsicher bekannte Auftraggeber oft nur mit Verlust tätig werden. Die auf rasche Abwicklung drängenden Bedürfnisse des

Verkehrs gestatten ihm nicht, sein Kreditrisiko zu prüfen, und es wird nur in den seltensten Fällen vorkommen, daß der Spediteur die Annahme des Auftrages von der Sicherstellung seiner Ansprüche abhängig macht.

Schon die Fracht stellt gegenuber dem Werte des Gutes in vielen Fällen einen erheblichen Betrag dar. Noch bedeutungsvoller wird das Pfandrecht fur den Spediteur, wenn er bei Transporten über Zollgrenzen auch den Zoll auslegt oder wenigstens eine entsprechende Verbindlichkeit eingeht.[74] Diese Falle sind häufig. Der Absender weiß entweder mit den Zollvorschriften nicht Bescheid, oder er will — und das ist der wichtigste Fall — dem im Auslande wohnenden Empfänger das Gut unter Nachnahme aller darauf ruhenden Kosten zugehen lassen, also Speditionsprovision, Fracht, Zoll und sonstige kleinere Kosten; dazu bedient er sich des Spediteurs, der vermöge seiner genauen Kenntnis der Zollgesetze an der Grenze entweder durch eine Zweigniederlassung oder durch einen darin besonders erfahrenen Geschäftsfreund, oder eine Agentur die Verzollung besorgt. Fur dieses Verfahren besteht insbesondere dann ein Bedürfnis, wenn am Empfangsort kein Binnenzollamt besteht, wo der Spediteur dem Empfanger das unverzollte Gut zur Einlosung bereitstellen kann.

Die Einzelheiten der Verzollung sind nicht zu erortern; es mag nur hervorgehoben werden, daß die Verzollung nach § 65 der VO, soweit deutsche Bahnen in Frage kommen, entweder von der Bahn, die dem Zollamt gegenüber als Deklarant auftritt, besorgt werden kann, die sich dann wiederum an den Absender, also den Spediteur hält, oder vom Spediteur unter Mitverantwortlichkeit der Bahn.

In derselben Weise erfolgt die Abfuhrung der vom Gute erhobenen kleineren Gebühren fur Warenstatistik usw.

Das Pfandrecht-I des Spediteurs wird durch folgenden Fall scharf beleuchtet, der zugleich zeigt, auf welche Weise gerade der Spediteur Schaden leiden kann, ohne daß ihn auch nur der Schein eines Vorwurfs trifft.

Nach § 57 der VO, Art. 7 des Internationalen Übereinkommens

---

[74] Vgl. S. S. Z. 1911 Nr. 11 S. 135.

haftet der Absender der Bahn für die Richtigkeit und Vollständigkeit der in den Frachtbrief aufgenommenen Erklärungen und trägt alle Folgen, die aus der mangelhaften Eintragung entstehen. Diese Haftung trifft ihn nach dem klaren Wortlaut, ohne daß ihm ein Verschulden zur Last fällt.[75] Diese Haftung ist nun zwar an sich noch keine Transportgefahr, sie kann aber durch eine Transportgefahr in besonders wirkungsvoller Weise ausgelöst werden. Dasselbe gilt von den in § 60 der VO festgesetzten Frachtzuschlägen infolge unrichtiger Deklaration, eine Art Vertragsstrafe. Das zeigen folgende Beispiele:

Der Spediteur erhält den Auftrag zur Spedition einer Kiste, als deren Inhalt unschädliche Chemikalien angegeben sind. Tatsächlich enthält sie ätzende Flüssigkeit. Der Spediteur hat keine Veranlassung und auch gar nicht die Möglichkeit, der Richtigkeit dieser Angaben seines Kunden zu mißtrauen und deklariert deshalb im Frachtbriefe ebenso. Die Bahn, die den Inhalt ebenfalls nicht prüft, verladt die Kiste in einen gewöhnlichen Güterwagen, in dem z. B. auch Kleiderstoffe geladen sind. Sie hätte bei Kenntnis des Sachverhaltes die Kiste in einen dazu bestimmten Spezialwagen verladen. Infolge eines außergewöhnlichen heftigen Rangierstoßes zerbrechen die Flaschen in der Kiste, ihr Inhalt dringt heraus und verdirbt die Kleiderstoffe.

Lediglich auf Grund seiner Unterschrift haftet der Spediteur für den Schaden, der dadurch der Bahn an ihren eigenen Gegenständen und dadurch entsteht, daß sie dem Absender der Stoffe Ersatz leisten muß. Seinen Rückgriff auf den Kunden deckt sein Pfandrecht. Dieses aber geht ihm infolge des Unfalls mit der Vernichtung des Gutes verloren.

Außer dem wirklichen Schaden muß nun der Spediteur, der ja der Bahn gegenüber regelmäßig als Absender auftritt, und den Frachtbrief zeichnet, wovon er nur ausnahmsweise abgehen kann, auch die in § 60 VO, Art. 7 II Internationales Übereinkommen bestimmten Frachtzuschläge zahlen, und zwar ebenfalls, ohne daß ihm ein Verschulden zur Last fallen mußte. Derselbe Unfall, der die falsche Deklaration erst zur Erscheinung bringt, bringt gleichsam automatisch sein Pfandrecht für die ihm

[75] Eger, Internationales Übereinkommen S. 84 ff. ebenso.

daraus gegen seinen Kunden erwachsende Rückgrifforderung zum Untergang oder entwertet es.

Aber damit nicht genug: nach § 4 der VO, einer erst durch die letzte Neufassung im Jahre 1908 eingefuhrten Vorschrift,[76] haftet neben dem Absender der Empfänger gesamtschuldnerisch fur die Frachtzuschlage, wenn er die Sendung und den Frachtbrief angenommen hat.[77] Das fuhrt zu geradezu unsinnigen Folgen. Sehr oft gehen dem Spediteur Bahnsendungen ihm ganz unbekannter Versender zu, die er — vielfach nach Weisung anderer Personen — weiter behandeln soll; so z. B. wenn der Exporteur den Fabrikanten angewiesen hat, die Ware zu seiner, des Exporteurs, Verfügung an den Spediteur aufzugeben. Es ist nun ganz unmoglich, daß die auf den Güterausgabestellen tätigen Angestellten des Spediteurs, welche die von der Bahn avisierten Frachtbriefe einlosen und die Sendung abholen, vor der Abnahme die Richtigkeit der Deklaration prüfen; hat doch in vielen solchen Fallen der Spediteur zu dieser Zeit noch gar keine Weisung seines kunftigen Versenders. Aber davon ganz abgesehen, ist es ganz unangängig, den Inhalt von Kisten, Flaschen usw. hierauf zu untersuchen und nur bei ganz auffalligen Abweichungen, die ohne weiteres erkannt werden konnen, ließe sich daran denken, daß den Spediteur der Schein eines Vorwurfes trifft, wenn er sie unbesehen annimmt.

So kommt es denn vor — und solche Falle, die nicht immer auf Gewissenlosigkeit des Kunden, sondern einfach auf Unkenntnis der Tarife beruhen können, sind gar nicht selten —, daß der Spediteur, ohne daß man ihm deshalb einen Vorwurf

---

[76] Eger, VO S. 258 Anm. 258, erklart diese Bestimmung nur fur die ausdruckliche Festlegung einer aus § 60 schon von jeher mit Unrecht in Zweifel gezogenen Folgerung. Nichtig, da gegen § 436 HGB verstoßend, soll nur die Heranziehung des Absenders sein. Vielmehr soll nach Annahme und Frachtbriefeinlosung nur noch der Empfanger haften.

[77] Fur den außerdeutschen Verkehr gilt nach Art. 17 des Internationalen Ubereinkommens dasselbe! aber nur, wenn die Frachtzuschlage an dem Frachtbriefe ersichtlich sind; das ist vernunftig, doch scheint Eger, S. 221 c, hier sehr weit gehen zu wollen und der Bestimmung die Auslegung zu geben, daß der Empfanger schon dann haftet, wenn er sich aus den Umstanden und dem Frachtbrief den Zusammenhang bilden konnte, also ebenso wie § 60 IV der deutschen VO ausdrucklich geregelt hat.

machen könnte, die ihm übermittelte falsche Deklaration bei der Ausstellung des Frachtbriefes für die Weitersendung nochmals einträgt. Tritt nun ein Transportunfall ein, so stellt sich im Laufe der Reklamationsverhandlungen mit der Bahn die Falschdeklaration heraus und der Spediteur muß gewärtigen, daß er von der Bahn in Anspruch genommen wird sowohl für diese falsche Deklaration wie auch — und das ist das Unsinnigste — für die schon zurückliegende des ursprünglichen Absenders, die ganz ohne sein Wissen zu einer Zeit erfolgt ist, wo seine Tätigkeit noch gar nicht begonnen hatte! Ebenso wie im ersten Beispiel ist es auch hier der Transportunfall, der zugleich zur Aufdeckung der Falschdeklaration und damit zu seiner Inanspruchnahme wie auch zum Untergang oder zur Entwertung seines Pfandrechtes wegen des Rückgriffes auf den Kunden führt. Also verliert er auch diese Deckung, die ihm wenigstens einen Teil seines Schadens decken kann, wenn er diesen von dem vielleicht im Auslande wohnenden oder sonst schwer erreichbaren oder zahlungsunfähigen Absender nicht erlangen kann; denn gerade in solchen Fällen wird die Bahn bestrebt sein, die Strafe von ihm einzuziehen.[78]

Ganz deutlich zeigen diese Fälle das lebhafte I, das der Spediteur am glücklichen Ausgang des Transportes hat. Ähnlich verhält es sich mit seiner Haftbarkeit für die oft sehr hohen Zollstrafen.[79] Doch ist sein Pfandrecht hier von geringerer Bedeutung, weil das Pfandobjekt bei Zollhinterziehungen in der Regel beschlagnahmt wird.

Weitere Forderungen erwachsen dem Spediteur aus Verwendungen aller Art, z. B. den zur Rettung oder Schadenfeststellung aufgewendeten Kosten.

Schließlich kann ihm das Gut als Faustpfand für eigene Vorschüsse haften. Doch spielt dieses Pfandrecht gegenüber dem immer vorhandenen gesetzlichen keine erhebliche Rolle.

II. Neben dem Pfandrecht hat der Spediteur als Kaufmann ein weitgehendes gesetzliches Zurückbehaltungsrecht. Dieses deckt auch andere als die mit dem betreffenden Transport

[78] Steht die Bahn aus Billigkeit davon ab, so ist es ihr freier Wille.

[79] Vgl. S. S. Z. 1912 Nr. 50 und Senkpiehl S. 277, 365. Eger, Internationales Übereinkommen S. 220 II.

zusammenhängenden Forderungen, ist aber nichts dem Transportrecht Eigentümliches. Deshalb braucht nicht darauf eingegangen zu werden.

III. Wir haben bisher die wirtschaftliche Bedeutung der Pfandrecht-I im allgemeinen erörtert. Es sei noch mit einigen Worten auf die Frage eingegangen, *ob man behaupten kann, daß sich das I im einzelnen Falle je nach den Umständen schwächer oder stärker bemerkbar machen kann*, mit anderen Worten, welchen Wert es fur den Spediteur im einzelnen Falle hat.

Wir erkennen leicht, daß die Stärke des Konkurrenz-I sich nach der des Koinzidenz-I richtet. Mit anderen Worten: Wenn der Spediteur ein besonders lebhaftes I daran hat, nicht haftpflichtig gemacht zu werden, dann hat er auch ein besonders lebhaftes I daran, sein Pfandrecht nicht zu verlieren. In diesen Fällen fehlt es ihm ja regelmäßig an einem Anspruch gegen andere Personen als den Kunden, durch dessen Einziehung er sich decken konnte. Das gilt gerade für die wichtigen Falle, wo er als Frachtfuhrer haftet.

Dieses Verhältnis ist kein Zufall, sondern findet seine Erklärung in der gemeinschaftlichen letzten tatsächlichen Ursache beider I, nämlich *der tatsächlichen Gewalt*, die der Spediteur an Stelle des Kunden uber das Gut ausubt *Je weiter diese reicht, desto stärker werden seine Interessen.* So erkennen wir denn, daß diese Beziehungen keine selbständige Bedeutung für das Wesen der KV haben, sondern daß sie zurückzuführen sind auf eine einfachere Ursache, als deren Folgen sie ein selbständiges Dasein zu fuhren *scheinen*.

Über diese, das Wesen der KV im letzten Grunde bestimmende Erscheinung ist im folgenden zu behandeln.

B. Zweiter Leitsatz.

Der Spediteur hat die Gewalt über die versicherte Sache.

§ 6.

I. Durch *jeden* Speditionsvertrag begibt sich der Kunde der Gewalt über sein Eigentum. Seine *tatsächliche* Herrschaft geht ganz verloren, seine *rechtliche* gibt er an den Spediteur ab, nur durch ihn kann er der Bahn gegenüber Rechtshandlungen vornehmen, die das Schicksal des Gutes beeinflussen. Stärker als die des als Versender auftretenden Kunden ist die rechtliche Macht des Empfangers. § 433 II HGB gibt ihm mit dem Frachtbrief die Verfugungsmacht gegenuber der Bahn. Allein gerade in den wichtigen Fallen der Sammelladung wird er auch ausgeschaltet und an seine Stelle tritt der *Adreßspediteur* der Bahn gegenüber. Dieser schaltet ihn vollkommen aus, denn er nimmt ihm gegenuber nicht die Stelle der Bahn ein, sondern vielmehr der Bahn gegenuber die des Empfangers.[80] Das gilt auch in den anderen Fallen, wo ein Adreßspediteur vorhanden ist. Der Adreßspediteur steht seinerseits wieder im engsten Abhängigkeitsverhältnis zum Absenderspediteur; er ist zwar nicht der Bahn gegenuber, die sich um das innere Verhältnis nicht kümmert, wohl aber diesem gegenuber zur genauen Befolgung seiner Weisungen verpflichtet. Dadurch verstärkt sich die *rechtliche* Macht des Spediteurs.

II. *Soweit* der *Bahntransport* in Betracht kommt, hat der Spediteur nur die *rechtliche* Macht, keine tatsachliche. Sie äußert sich darin, daß die Bahn bis zur Übergabe des Frachtbriefes an den Empfänger seine Weisungen zu beachten hat (§ 433 HGB). Das ist eine Eigentumlichkeit des Landtransportes, im Seetransport ist das aus tatsächlichen Gründen zumeist nicht angängig.

Soweit der Spediteur selbst den Frachtvertrag ausfuhrt, d. h. bei der Abrollung und der Umschlaglagerung, hat er außer der rechtlichen Macht auch die *tatsächliche*.

Allein der Einfluß des Spediteurs auf das Schicksal des Gutes besteht nicht nur *während* des Transportes, sondern schon *vor* ihm. Schon in der Fuglichkeit, uber die Art des Transportes zu entscheiden, liegt ein erheblicher Teil tatsächlicher Macht im weiteren Sinne. Zur Ausfuhrung des Speditionsauftrages gehört die ordnungsgemaße *Aufgabe* des Gutes; die Begleitpapiere, vor allem die Ausfüllung des Frachtbriefes, die Deklarationen, die Wahl von Unterspediteuren, Zwischenspediteuren, Fuhrleuten, Lagerhaltern, Adreßspediteuren, alles das liegt in seiner Hand. Daraus entspringt seine Haftpflicht zum großen Teile; wir er-

---

[80] Senkpiehl S. 186, 187.

kennen den Zusammenhang zwischen dieser Herrschaft über das Gut und seinen eigenen sekundären I.

Nur ausnahmsweise hat der Kunde auch tatsächliche Gewalt; so, wenn er auf eigenem Anschlußgleis selbst ladt. Aber das sind Ausnahmen. Und gerade sie bestätigen die Regel, daß die Haftpflicht der tatsächlichen oder rechtlichen Gewalt entspringt, denn natürlich kann der Spediteur nicht verantwortlich gemacht werden für Unfälle, die auf der ausnahmsweisen Selbstladung durch den Kunden verursacht sind.

III. Weitaus die meiste tatsächliche Gewalt hat die Bahn. Aber dieser Umstand kann die Rechtsgestaltung und das Wesen der KV nicht beeinflussen. Denn die Bahn scheidet als I am Bestehen einer V aus, wie schon früher dargelegt worden ist.

Welche Bedeutung hat nun die im Verhältnis zu dem allein als weiterer I am Bestehen einer V in Betracht kommenden Kunden weit uberwiegende, ihn so gut wie verdrängende Macht des Spediteurs über den versicherten Gegenstand? Nur die der Grundlage fur die Sekundar-I oder eine unmittelbare fur das Wesen und die Rechtsgestaltung der KV? Die Antwort erhalten wir, wenn wir die Lage vom Standpunkt des Vr ansehen: warum schließt der Vr nicht mit dem Kunden, sondern mit dem Spediteur ab, warum macht er den dominus periculi zum dominus contractus?

Wir wollen vorläufig nur die Richtigkeit der Fragestellung behauptet haben. Die Antwort werden wir später, nach der Erörterung der übrigen Verkehrsgeschäfte geben können.

C. Zusammenfassung.

§ 7.

Wir haben die wirtschaftlichen Grundlagen des Speditionsbetriebes im Hinblick auf die Elemente der V betrachtet und sehen nunmehr zuruck auf ein zum Teil verwickeltes, aber immer durch die Anforderungen des modernen Verkehrs erklärliches Aufeinanderwirken von I. Als letzten wirtschaftlichen Grund und Zweck der Beziehungen zwischen Kunde, Spediteur und Bahn erkennen wir das Wesen der Spedition als eine Hilfstätigkeit beim Güterumsatz, die durch die Befassung mit fremden Gütern ausgezeichnete Besorgung fremder Angelegenheiten. Jede Hilfstätigkeit arbeitet notwendig mit bescheidenem Nutzen; von dem Gewinn beim Güterumsatz kann sie immer nur einen kleinen Anteil erlangen. Deshalb kann sie außergewöhnliche Einbußen, die aus der Gefährlichkeit des Transportbetriebes entspringen, nicht tragen. Deshalb müssen sich andere kapitalkräftige sichere Unternehmungen in ihren Dienst stellen, um ihr den Betrieb möglich zu machen. Arbeitsteilung bringt Verantwortlichkeit gegen die anderen Mitarbeiter mit sich, sie führt wirtschaftlich für den einzelnen zur Arbeitsvereinfachung und dadurch zur Erhöhung des Nutzeffektes im ganzen, rechtlich dagegen zu verwickelten Beziehungen, zur Zerlegung, zur I'mehrheit und damit zum I'gegensatz. Die Aufgabe der Rechtsgestaltung ist es aber, diese wirkenden Kräfte anzuspannen und sie in den Dienst des wirtschaftlichen Zweckes, der Erhöhung des Nutzeffektes, zu stellen.

Kaum ein besseres Beispiel, sich diese Verhältnisse klarzumachen, gibt es wohl, als die des Eisenbahntransportes.

2. Das Seetransportgeschäft und das Binnengewässertransportgeschäft des Spediteurs.

§ 8.

Überblick. Die Konkurrenzinteressen.

I. Die Rechtsstellung des Spediteurs ist wie immer, so auch im Seeverkehr verschieden, je nachdem reine Spedition vorliegt oder Übernahme. Das hat aber nur für die Koinzidenz-I Bedeutung, während die Konkurrenz-I und der Umfang der Herrschaft über das Gut, wenigstens soweit der eigentliche Seetransport in Betracht kommt, sich in beiden Fällen in derselben Weise geltend machen. Auf die Konkurrenz-I möge gleich eingegangen werden.

II. Regelmäßig wird der Spediteur im Auftrage des Absenders im wirtschaftlichen Sinne, des Exporteurs, tätig. Er nennt sich im Konnossement als Ablader (Befrachter). Die Person des Kunden bleibt also für den Transportvertrag ganz außer Betracht, für alle Verpflichtungen gegenüber dem Verfrachter haftet der Spediteur. Das sind vor allem die Fracht, die tatsächlich — entgegen §§ 617, 633 HGB ohne Unterscheidung, ob der Transport ausgeführt wird oder nicht — stets endgültig, und zwar vor oder gleich nach Antritt der Reise bezahlt wird, sodann Zoll- und kleinere Auslagen fur Kran- und Kaigebühren usw. Auch fur Fautfracht kann der Verfrachter den Spediteur in Anspruch nehmen, aber insoweit scheidet sein Ruckgriffpfandrecht für unsere Betrachtung deshalb aus, weil die nicht abgeladenen Güter der Seegefahr eben nicht ausgesetzt werden. Weiter deckt das gesetzliche Pfandrecht die Provisionsforderung. Schließlich kommen noch Zollstrafen in Frage. Die durch den Verlust der Guter gefährdeten Werte sind also groß genug, um das Bedurfnis nach V'schutz zu rechtfertigen.

§ 9.

Die Koinzidenzinteressen.

I. Bei der reinen Spedition spielt die Haftpflicht des Hafenspediteurs keine erhebliche Rolle. Aus der Wahl des Verfrachters konnen ihm wohl nur selten Schwierigkeiten erwachsen. Die Hauptmenge der Guter findet Raum in den Schiffen der großen Linien, die Klassifikation der Seeschiffe, auch der Segler, erleichtert ihm die Wahl, soweit er sie überhaupt hat; hat er ein klassifiziertes Schiff gewahlt, so kann ihm jedenfalls nicht vorgeworfen werden, bei der Auswahl des Frachtfuhrers unsorgfaltig verfahren zu sein. Auch der Abschluß des Transportvertrages selbst birgt fur ihn kaum Haftpflichtgefahren. Er hat auf die Gestaltung des Vertrages nur sehr wenig Einfluß und ist genotigt, zu den Bedingungen abzuschließen, die in den Konnossementen der großen Linien festgelegt sind. Die monopolartige Stellung dieser Betriebe ist so bekannt, daß niemand den Spediteur deshalb in Anspruch nehmen kann, wenn er nicht fur den Kunden gunstigere Bedingungen erlangt hat. Auch der Vr des Kunden kennt naturlich diese Verhaltnisse.

Über die mit dem Seetransport zusammenhangenden kleineren Transporte und sonstigen vorbereitenden Verrichtungen gilt nichts Besonderes; hier liegen dieselben Verhältnisse wie beim Landtransport vor. Auch wenn der Spediteur die Ausfuhrung des Seetransportvertrages im ganzen ubernommen hat, andert sich daran nichts. Da er in diesem Falle nicht schärfer als der Seeverfrachter haftet, also nur fur Verschulden, so verschärft sich seine Haftung nicht.

Selten fuhrt der Hafenspediteur diese Geschäfte tatsächlich

selbst aus. Eigene Speditionslager und Geschirre sind ebenso ungebrauchlich wie eigene Wassertransportfahrzeuge, die eine sehr große Rolle spielen und unentbehrlich sind, wenn das Seeschiff im Strom liegt. Diese Geschafte werden von zahlreichen selbstandigen Unternehmern besorgt Die Arbeitsteilung ist also starker als im Lande

Eine der Abrollung von der Bahn entsprechende Tatigkeit fehlt, wenigstens kommt es selten vor, daß der Versendungsspediteur auch die Beforderung vom Schiff an den Inhaber des Konnossements besorgt, das veranlaßt dieser selbst; Besonderes gilt bei Beforderung auf Durchkonnossement.

II. Die *besonderen Verhaltnisse* des Seetransportes machen sich bemerkbar in der offensichtlichen Abschwachung der tatsachlichen Macht des Spediteurs uber das Gut; daraus ergibt sich eine geringere Bedeutung der Haftpflicht-I auch in dem Falle der Transportubernahme.

Der Spediteur haftet nicht scharfer als der Seeverfrachter gesetzlich haftet Dieser haftet fur den Schaden, der durch Verlust oder Beschadigung der Guter in der Zeit von der Annahme bis zur Ablieferung entsteht, es sei denn, daß der Verlust oder die Beschadigung auf Umständen beruht, die durch die Sorgfalt eines ordentlichen Verfrachters nicht abgewendet werden können, § 606 HGB. Die Verfolgung solcher Entschadigungsanspruche wird durch die in § 609 I festgesetzte Ausschlußfrist von zwei Tagen fur die Schadenfeststellung sehr erschwert, doch fällt diese wieder weg, wenn der Schaden auf Vorsatz oder *grober* Fahrlassigkeit einer Person der Schiffbesatzung beruht (§ 609 II HGB). Eine Ausnahme von der Verschuldungshaftung enthalt auch nicht § 559 HGB, wonach der Verfrachter fur den mangelhaften Zustand des Schiffes haftet, wenn der Schaden hierauf zuruckzufuhren ist, es sei denn, daß der Mangel bei Anwendung der Sorgfalt eines ordentlichen Verfrachters nicht zu entdecken war. Es handelt sich z. B um Maschinen und Instrumente, deren Fehlerhaftigkeit sich erst im Laufe der Reise herausstellt. Doch ist diese Haftung wenig praktisch im Hinblick auf die ausgedehnte Kontrolle der Seeschiffe durch die Behörden.

Somit scheidet fur den Hafenspediteur die Notwendigkeit, fur Zufall zu haften, ganz aus. Trotzdem finden wir ebenfalls einen starken Unterschied zwischen dem Umfang seiner eigenen Haftung und dem seines Ruckgriffes gegen den Verfrachter. Die Konnossemente aller größeren Linien schließen bekanntlich ihre Haftung gegenüber dem Ablader in weitem Maße aus, so daß sich der Spediteur unter Umständen in keinem Falle, selbst nicht bei Vorsatz oder grobster Fahrlässigkeit der Schiffsbesatzung erholen kann.[81] Selbst Konnossemente, die an sich gunstiger lauten,

[81] Vgl dazu die folgenden Konnossementsbestimmungen der großten deutschen Dampferlinien: 1. Hamburg-Amerika-Linie im Verkehr von Hamburg nach Nordamerika: the shipp and carrier shall not be liable for loss and damages occasioned by barratry of the master or crew ... robbers and thieves ... collision stranding or other accidents of navigation, of wathever kind, even when occassioned by the negligence, default or error in jugdment of the pilot, master mariners or other servants on the shipowner ... 2. Afrikadienst der Woermann-Linie, Hamburg-Amerika-Linie und Hamburg-Bremer Afrikalinie: nicht verantwortlich fur ... Schaden und Verluste durch Kollisionen, Strandung und alle anderen Schiffahrtsunfalle, selbst wenn der dadurch entstehende Schaden oder Verlust auf eine rechtswidrige Handlung, einen Fehler, eine Nachlassigkeit oder einen Irrtum des Lotsen, des Schiffers, der Seeleute oder anderer Personen im Dienste des Schiffers zuruckzufuhren ist. Desgleichen ... nicht verantwortlich fur Schaden und Verluste durch Explosion, Platzen von Dampfkesseln oder Rohrleitungen, Brechen von Schaften oder irgend einen verborgenen Fehler am Schiffe oder an den Maschinen. 3. Scheinbar milder dagegen Hamburg-Sudamerikanische Dampfschiffahrtsgesellschaft: „Fur Seeunfalle aller Art, fur fehlerhafte Navigation, wahrend der Reise entstandene Schaden am Schiffe oder an der Maschine ... Diebstahl, Baratterie ... ist die Reederei, auch bei Verschulden der Schiffsbesatzung nicht verantwortlich. Fur ... Anbohren von Fassern, Beschadigung oder Verlust, falls solche nicht auf die genannten Ausnahmefalle zuruckzufuhren sind, haftet die Reederei, soweit ihr oder einer Person der Schiffsbesatzung ein Verschulden nachgewiesen wird.“ Diese Beweisverschiebung gegenuber § 606 HGB verkehrt den scheinbaren Vorteil tatsachlich in das Gegenteil. 4. Das von den Handelskammern in Bremen und Hamburg empfohlene Konnossement der Deutschen Ostafrikalinie in Hamburg ist milder und kennt auch nicht die Beweislastverschiebung. I. Der Reeder ist verantwortlich dafur, daß das Schiff gehorig eingerichtet, ausgerustet, bemannt und verproviantiert, sowie in seetuchtigen Stand gesetzt und fahig gemacht ist, die beabsichtigte Reise zu vollfuhren; ebenso fur Fehler und Nachlassigkeit seiner Angestellten in betreff der ordnungsmaßigen Stauung, Verwahrung, Behandlung und Ablieferung der Ladung. Alle Vereinbarungen und Klauseln, die dem entgegenstehen, sollen null und nichtig und ohne rechts-

bergen doch durch die Verschiebung der Beweislast den Ausschluß der Haftpflicht in sich. Soweit die Haftung fur nautische Versehen ausgeschlossen wird, ist die Einschränkung zweifellos gerechtfertigt,[82] ob daruber hinaus, kann zweifelhaft sein.[83]

III. Der tatsachliche Haftausschluß des Reeders hat zunachst die grundsätzliche Bedeutung, daß der Verfrachter aus dem Kreise der am Bestehen einer V interessierten Personen ebenso ausscheidet wie die Bahn, freilich nicht deshalb, weil er Selbst-Vr ware — nur von den allergroßten Gesellschaften kann man auch das behaupten —, sondern weil er kein erhebliches Haftpflicht-I hat.[84]

Die weitere Bedeutung des Haftpflichtausschlusses zeigt sich im Verhältnis zwischen dem Spediteur und dem Kunden. Der Spediteur wälzt regelmaßig den Unterschied zwischen seiner Haftpflicht und seinem Ruckgriff gegen den Verfrachter auf seinen Kunden ab, indem er — ebenso wie zu Lande — vereinbart, nur als Spediteur zu haften. Diese ganz allgemein ubliche Abmachung[85] ist zwar rechtlich zulassig[86], aber wie früher schon begrundet, mit dem Wesen der Spedition schwer vertraglich und unbillig gegen den Kunden, den sie in eine schwierige Lage gegenüber seinem Vr bringt.

---

verbindliche Kraft sein. II. Der Reeder ist nicht verantwortlich fur die Gefahren der See, fur Feuer, Feinde, Seerauber, gewaltsame Beraubung, Baratterie (ausgenommen Diebstahl), Arrest und Verfugungen von hoher Hand; desgleichen nicht fur Schaden und Verluste durch Kollisionen, Strandung und alle anderen Schiffahrtsunfalle, selbst wenn der dadurch entstandene Schaden oder Verlust auf irgend eine rechtswidrige Handlung, einen Fehler, eine Nachlassigkeit oder einen Irrtum des Lotsen, des Schiffers, der Seeleute oder anderer Angestellter des Reeders zuruckzufuhren ist.

[82] Vgl. § 821 Ziff. 4 HGB, § 130 Satz 2 Vvg.

[83] Selbst Klauseln, wie die folgende: „The shipowner ist not liable for any loss detriment or damage to any goods, which are capable of being covered by insurance" kommen vereinzelt vor, auch im Landtransportgeschaft; ihre Gultigkeit wird mit Recht angezweifelt. Vgl. Leipz. Zeitschr. III S. 768.

[84] Uberdies ist der Seeverfrachter vielfach selbst gegen Haftpflicht zugleich mit dem Kasko versichert; dagegen ist die Fracht-V veraltet.

[85] Vgl. z. B. Hamburger Bedingungen 3.

[86] Auch die fruher, Note 69, zitierten Urteile stehen dem nicht entgegen, weil es sich nur um Beschrankung der Verschuldenhaftung handelt.

IV. Die Treuhänderhaftpflicht spielt im Seetransport ebenfalls eine Rolle. Im Hinblick auf die leichte Übertragung und Verpfändung mit Hilfe der Transportpapiere kommt ihr aber keine selbständige Bedeutung zu. Die Haftpflicht gegenüber dem Pfandglaubiger ist keine andere, als die gegenüber dem Eigentümer. Der Spediteur steht also dem Primärinteressenten, oder vielmehr dessen Rechtsnachfolger gegenüber, nicht einem Dritten.

§ 10.

Die Besonderheiten des Seetransportes im Hinblick auf den Schutz der Sekundärinteressen.

I. Wir haben bereits hervorgehoben, daß der KV im Seetransport keine so überwiegende Bedeutung zukommt, wie im Landtransport. Die Gründe liegen in Besonderheiten dieses Verkehrs, die zunächst im Hinblick auf die Wirkungen zu betrachten sind, die sie für den Schutz der sekundären I haben. Dann ist auf den Einfluß einzugehen, den diese Eigentümlichkeiten auf den zweiten Hauptsatz, den von der tatsächlichen Macht des Sekundär-I, ausüben

II. Es besteht keine Neigung, den Spediteur für reine Seeunfälle, d. h. Ereignisse, die sich während des Seetransportes zugetragen haben, verantwortlich zu machen; es kommt niemand auf den Gedanken, ihn könne dabei ein wirkliches Verschulden, eine innerliche begründete Verantwortung treffen. Mit der Anbordbringung hat der Spediteur das Seine getan, das Bordrisiko mutet ihm vernünftigerweise niemand zu. Suchen wir nach dem Grunde dieser Erscheinung, so werden wir sie wohl in der geläufigen Vorstellung sehen dürfen, daß auch der Verfrachter nur sehr beschränkt haftet infolge des tatsächlichen Monopols der großen Schiffahrtsgesellschaften, und daß sich die Anschauung über die gesetzliche Haftung überhaupt gar nicht bildet, weil noch niemand, der mit diesen Dingen zu tun hat, erlebt hat, daß die gesetzliche Reederhaftung praktisch geworden ist. So denkt auch niemand daran, den Spediteur auf Grund der Frachtübernahme mit der gesetzlichen Reederhaftung in Anspruch zu nehmen; im Hinblick auf die Machtlosigkeit des Spediteurs gegen die Gesellschaften erscheint deshalb auch die Haftbeschränkung des Spediteurs gegenüber seinen Kunden im Seetransportgeschäft, so falsch dieser Ausweg an sich auch ist, nur gerechtfertigt, da der Fall der vollen gesetzlichen Haftung eben in der Wirklichkeit nicht vorkommt, und diese schließlich nur vom Spediteur getragen werden müßte, ein ganz unbilliges Ergebnis. Der Spediteur, der seine Haftung in dieser Art einschrankt, tut schließlich nichts anderes, als daß er tatsachlich Geubtes und Gebilligtes in rechtlich bindende Form bringt, um sich gegen Unverstand zu schutzen. Allein diese Gründe sind allertatsächlichster Art, sie können mit der Änderung der herrschenden Übung fallen.[87] Und doch üben sie auf das Wesen und die Ausgestaltung der V einen erheblichen Einfluß aus. Ganz anders liegen die tatsächlichen Umstände bei der Bahn, deren Haftpflicht gesetzlich festgestellt ist und die nicht zuungunsten des Versenders geändert werden kann. Hier kennt jedermann den Maßstab der Frachtfuhrerhaftpflicht und seine Unabanderlichkeit, hier liegt auch der Unterschied zwischen der vollen und der eingeschränkten Haftpflicht der Vorstellung nahe. Auch hier sind es tatsächliche Grunde, die das Wesen der V beeinflussen; aber sie sind gesetzlich geregelt, nicht nur Vertragsrecht.

Offenbar werden auch die Vr von diesen der wahren Sachlage Rechnung tragenden Erwägungen beherrscht; es ist nicht bekannt geworden, daß aus der Haftungbefreiung des Hafenspediteurs das Recht hergeleitet worden wäre, dem Kunden die Leistung zu verweigern. Immerhin ist es möglich, daß bei der zunehmenden Neigung, die Regreßansprüche in die Prämienberechnung einzustellen, eines Tages auch hier ein Wandel eintritt.

So kann man sagen, daß im ganzen genommen, dem Haftpflicht-I des Spediteurs keine so überwiegende Bedeutung wie im Binnentransportgeschaft zukommt, solange die starke Beschränkung der Reederhaftung üblich bleibt.

III. Wenn wir nunmehr die Bedeutung der Konkurrenz-I im Hinblick auf die Gestaltung der V betrachten, so nehmen wir gewissermaßen die Behandlung einer Frage voraus, nämlich der, in welcher Weise das Recht für den Schutz dieser I sorgen

[87] So sind die vom osterreichischen Staat subventionierten Postdampferlinien neuerdings angehalten worden, ihre Konnossemente den gesetzlichen Regeln wieder anzupassen! Vgl. auch die Erorterungen der International Lar Association auf der 1906 abgehaltenen Generalversammlung uber die sog. Harter Act, Zeitschr. VII S. 158.

muß oder — mit Bezug auf unser Thema gestellt — ob V überhaupt oder KV hier Platz greifen muß. Der Umstand, daß — wie wir festgestellt haben — die KV im Seetransport eine geringere Rolle spielt, läßt uns aber für dieses Gebiet schon jetzt darauf kommen.

Der Spediteur hat beim Seetransportgeschäft ein I nur daran, daß überhaupt eine V besteht, nicht aber daran, daß er selbst sie nimmt. Eine KV ist zwar nutzlich und zweckmäßig, aber nicht so unerläßlich wie beim Bahntransport. Sein sekundäres Pfandrecht-I wird vielmehr schon durch die Einrichtung des Konnossements geschutzt. Mit dem Konnossement hat er nicht nur die Ware selbst, sondern nach ihrem Untergang auch den Anspruch gegen den Vr in der Hand, d. h. auf jeden Fall kann er diesen Anspruch fur sich sperren, verhindern, daß der Primär-I, der Kunde oder sein Rechtsnachfolger unter Umgehung seiner Person ihn einzieht. Nach §§ 146 Ziff 1, 147, 149 der Allgemeinen Seeversicherungsbedingungen ist die Erhebung des Anspruches gegen den Vr regelmäßig an den Besitz des Konnossements geknüpft. Dieses aber braucht der Spediteur, wenn er überhaupt Grund zu haben glaubt, an der Sicherheit seiner Anspruche aus dem Speditionsvertrage zu zweifeln, nicht eher herauszugeben, als bis ihm Sicherheit oder Zahlung bewirkt wirkt. Es kann ihm deshalb gleichgültig sein, wer die Orderpolice hat; für sich allein gibt dieses Papier dem Inhaber noch keine wirklichen Rechte.

Da nun die V als solche im Seetransport durchaus das Selbstverstandliche ist, und zwar eben deshalb, weil jeder weiß, daß er gegen den Verfrachter keine Ansprüche geltend machen kann, so kann sich der Hafenspediteur ganz untätig verhalten, ohne den Verlust seiner Pfandrechte befurchten zu mussen.[88]

---

[88] Ubrigens kommt auch die Nachnahme auf das Konnossement vor. Die Hapag laßt sie auf ihren stark befahrenen nordamerikanischen Linien uberall dann zu, wenn sie im Ankunftshafen eigene Vertretungen hat, so in Neuyork. Dadurch wird es moglich, daß der Spediteur ohne Gefahr des Verlustes seiner Pfander die Konnossemente aushandigen kann, indem er seine Auslagen fur Fracht usw. nachnimmt. Im Falle des Verlustes des Gutes ist aber der Konkurrenz-I dann nicht geschutzt, wenn der Vr schlechthin auf das Konnossement zahlt, ohne den Nachweis zu fordern, daß der darauf lastende Betrag bezahlt oder sichergestellt worden ist.

IV. Somit findet die KV beim Seetransport ihre wirtschaftliche Rechnung jedenfalls nicht in der Notwendigkeit des I'schutzes. Den von jeher geltend gemachten Grunden fur ihre Beliebtheit, daß sie praktisch, billig, einfach ist, kommt deshalb eine erhohte Bedeutung zu. Man wird aber dennoch sagen konnen, daß sie wegen Gleichheit der äußeren Form denselben Regeln unterliegen muß, wie die Landtransport-KV, und daß Abweichungen nur insoweit eintreten, als die besonderen Verhältnisse sie bedingen.

§ 11.

Der zweite Satz. Die Herrschaft uber das Gut.

I. Wir behaupten allgemein, daß Wesen und Gestaltung der V auch dadurch bestimmt werden, ob und in welchem Maße der Vn Einfluß auf das Schicksal des Gutes ausuben kann, sei es durch rechtliche, sei es durch tatsächliche Macht. Je mehr das der Fall ist, desto größere Rechtfertigung fur die KV erachten wir als vorliegend. Wenn diese in der Seetransport-V eine geringere Rolle spielt, so muß der letzte Grund auch in der schwächeren Stellung des Spediteurs liegen.

II. Die tatsächliche Macht des Spediteurs ist gleich Null. Durch die Wahl des Schiffes einzugreifen, bietet sich ihm heute so gut wie keine Gelegenheit. Die Klassifikation überhebt ihn dieser Mühe, und aus demselben wirtschaftlichen Grunde schwächt sich ja auch seine Haftpflicht für diese Möglichkeiten ab. Auch fehlt ihm die Füglichkeit, selbst zu laden. Die Stauung besorgt ausnahmslos das Schiff oder ein von ihm besonders damit beauftragter Stauer. Allenfalls die aus der Deckladung hervorgehenden Gefahren kann er böswillig oder versehentlich herbeiführen. Aber für den Vr — und darin zeigt sich die Beziehung des zweiten Leitsatzes ganz deutlich — scheidet dieser Fall deshalb aus, weil die Deckladung als solche auf dem Konnossement vermerkt wird.[89]

Während der eigentlichen Seereise liegt die tatsächliche Macht ausschließlich beim Verfrachter oder dem Schiffer, dem das HGB. im I aller Beteiligten weitgehende Eingriffe gestattet.

[89] Der Trick, ein reines „Konnossement gegen einen Revers auszustellen, ist“ verwerflich und, wenn davon gegenuber dem Vr Gebrauch gemacht wird, Betrug nach § 263 StGB.

Auch die rechtliche Macht — die Anordnung der Deckladung streift schon dieses Gebiet — ist während des Transportes schwächer als beim Landtransport. Das liegt im wirtschaftlichen Zusammenhang. Ein Recht des Abladers, die Sendung aufzuhalten, zurückzubeordern, umzuleiten, in irgend einer Weise zu behandeln, gibt es aus naturlichen Grunden nicht. Selbst der Charterer wird in der Regel keine Abweichung von der Reise verlangen konnen, denn das Schiff stellt ihm nur seinen Raum fur den bestimmten Reisezweck zur Verfugung, nicht zur beliebigen Verwendung innerhalb einer bestimmten Zeit

Auch nach Beendigung einer Seereise erwacht das I des Spediteurs nur dann, wenn das Gut wirklich aus der Gewalt des Verfrachters kommt, so z B wenn dieser es mangels Abnahme durch einen Konnossementinhaber auf Gefahr und fur Rechnung wen es angeht einlagert Bezeichnenderweise dehnen manche Transport-V in solchen Fallen die V'zeit so lange aus, bis der Spediteur in der Lage ist, zur Abwendung von Schaden in seinem I zu verfügen.

III. Daß die tatsachliche Macht des Kunden ganz verschwindet, seine rechtliche nur indirekt durch den Spediteur geltend gemacht werden kann, braucht nur erwähnt zu werden. Auch der Empfänger, also der Konnossementinhaber hat keinen Einfluß auf das Gut, solange der Transport dauert. Denn er erhält ja das Gut erst mit der Loschung, dann aber ist fur eigentliche Transportgefahren kein Raum mehr, und im selben Augenblick ist auch die wirtschaftliche Operation beendet. Auch wenn mangels Abnahme der Verfrachter fur Rechnung und Gefahr wen es angeht, weiter handelt, tritt eine im Hinblick auf die V bedeutsame Macht des Empfangers nicht eher ein, als bis er die tatsächliche Verfugung erhält; denn verfugt er vor Erlangung der tatsächlichen Macht, vor der Auslieferung, solange z. B. das Gut noch im Hafenspeicher liegt, so findet auch die Transportgefahr im weiteren Sinne ihr Ende. In der Zeit zwischen der Löschung und der ersten beachtlichen Verfügung des Konnossementsinhabers aber tritt — wie schon oben hervorgehoben — das Haftpflicht-I des Spediteurs fur den Fall wieder in Erscheinung, daß er rechtlich imstande ist, das Gut zu beeinflussen, z. B. weil er mangels Befriedigung seiner Ansprüche noch im Besitze des Konnossements ist.

IV. Also besteht zwischen der geringeren Haftpflicht des Spediteurs und seiner schwacheren Herrschaft über das Gut der behauptete Zusammenhang Auch der Umstand, daß selbst die bedeutsamen Pfandrecht-I die KV nicht notwendig machen, ist in letzter Linie auf diesen Mangel tatsächlichen Einflusses zuruckzufuhren. Denn dieser hat ja gerade das Konnossement erzeugt.

§ 12.

Das Binnengewassertransportgeschaft.

Im Binnenwässertransport allein, mit Beschränkung auf ihn, wird die KV kaum stattfinden. Sollte sie aber vorkommen, so gilt dafür nichts anderes als fur den Seetransport.

Bemerkenswert ist, daß auch hier ein sehr weitgehender Ausschluß der Verfrachterhaftung durch die Reeder üblich ist.[90]

3. Die Verbindung von Landtransport und Seetransport.

§ 13.

Hat ein und derselbe Speditionsvertrag eine durchgehende Beförderung zu Lande und zu Wasser zum Inhalt, oder ubernimmt der Spediteur eine solche Beforderung auszufuhren, so liegt für die I'lage und die Frage, wie es mit der Herrschaft uber das Gut steht, keine neue Bildung gegenüber dem bisher erörterten vor, sondern ein Nacheinander der verschiedenen Geschäfte.

Große Speditionsbetriebe schließen an ihre Eisenbahntransport-V eine Seetransport-V an, Eisenbahntransport-V und Binnengewässer-V finden sich häufig von Anfang an verbunden.[91] Selbst die technische Gestaltung der V kann dabei auseinanderfallen. So finden sich neben der reinen Pauschal-V fur den Bahntransport die laufende V mit Anzeigepflicht und Policenbuch. Die Ausstellung

---

[90] Vgl. Herzog S. 114 ff.

[91] Fur manche Verkehrsgebiete ist sie unerlaßlich. Man denke an das asiatische Rußland, dort verlauft der einzige große Schienenstrang, die sibirische Bahn, in westlich-ostlicher Richtung, den Transport nach Norden und Suden nehmen die großen ihn krenzenden Strome auf, wo eine sehr ausgedehnte Schiffahrt besteht. Aber auch bloße Zweckmaßigkeitsgrunde, Frachtersparnis usw. legen eine solche Verbindung nahe, z. B. im rheinischen Stromgebiet.

der Einzelpolicen fur den Seetransport, die von den Kunden oft gewünscht wird, uberlaßt dabei manchmal der Vr dem Spediteur, dem er in blanco unterschriebene Policen uberläßt.

4. Das Valorentransportgeschäft.

§ 14.

I. Der Valorentransport vollzieht sich zum großen Teile unter Mitwirkung der Post. Hierin liegt deshalb etwas Besonderes, weil sich vor den eigentlichen Frachtfuhrer, die Bahn oder den Seeverfrachter, eine weitere Vermittelungstätigkeit einschiebt. Regelmäßig umfaßt die Valoren-V sowohl Eisenbahn- wie Seetransporte, ist also V auf durchstehendes Risiko.

Aus demselben Grunde wie die Bahn, weil sie wegen des Umfanges ihres Betriebes Selbst-Vr ist, scheidet die Post aus dem Kreise der am Bestehen einer V Interessierten aus.

II. Die Haftung der Post ist anders als die der Bahn und ist im Postgesetz geregelt. Sehr bedeutsam ist die Deklaration des Inhaltes, die sog. „Wertangabe". Nur wenn diese stattgefunden hat, haftet die Post für den vollen Wert des Inhaltes der Sendung. Sonst haftet sie fur gewohnliche Briefe nur mit dem Betrage des Portos, fur Pakete bei Totalverlust zwar für den wirklich erlittenen Schaden, aber niemals hoher als 3 M. fur das Kilogramm; für eingeschriebene Briefe zahlt sie bei Totalverlust im deutschen Verkehr den festen Satz von 42 M., im außerdeutschen Verkehr von 40 M

Aber auch die Wertangabe bietet dem Primärinteressenten in vielen Fallen keinen genugenden Schutz. Die Post haftet nämlich nach § 7 des Postgesetzes dann nicht, wenn der Verschluß und die Verpackung zur Post gegebener Gegenstände bei der Aushandigung an den Empfänger außerlich unverletzt und zugleich das Gewicht mit dem bei der Einlieferung Ermittelten ubereinstimmend befunden wird. Die ohne Erinnerung geschehene Annahme einer Sendung begrundet die Vermutung, daß bei der Aushändigung Verschluß und Verpackung unverletzt und das Gewicht mit dem bei der Einlieferung ermittelten übereinstimmend befunden worden ist.[92]

---

[92] Vgl. S. S. Z. 1912 Nr. 31 S. 431: „Die Haftung der Post".

An sich konnten sich zwar vorsichtige Empfanger dadurch decken, daß sie auf jeden Fall bei der Annahme Mangel der Verpackung behaupten und den Brief in Gegenwart eines Vertreters der Post offnen, was ja keine Schwierigkeiten hat. Immerhin ist auch das lastig, und außerdem ist die Gebuhr der Wertangabe zu teuer, nicht fur den Privatmann, der nur ausnahmsweise einmal eine Wertsendung aufzugeben hat, aber fur den Großverkehr mit Valoren. Das sind vor allem Banken, aber auch Spediteure.

III. Soweit die Post nicht Zwischenfrachtfuhrer ist, gilt fur die Valoren-V nichts Besonderes, sie ist auch da deshalb ein Bedürfnis, weil die gewohnliche Transport-V sich nicht auf Wertgegenstände erstreckt, und weil auch die Transportunternehmer die Haftung für diese ablehnen.

Für Pfandrecht-I ist naturlich ungehinderter Raum, die Haftpflicht-I sind verschieden stark, je nachdem reine Spedition oder Übernahme vorliegt.

II. Das Lagergeschäft.

§ 15.

I. Die eigentlichen Transportgeschafte sind in bezug auf diese Untersuchung ausgezeichnet durch den weiten Kreis der Gefahren. Nicht so die des Lagergeschaftes. Seine Gefahren sind Feuer, Diebstahl und Wasserleitungsschaden.[93] Sie finden in großen Zweigen des V'gewerbes ihre Pflege. Auch Schäden durch Witterungseinflüsse sind moglich, so durch Hitze oder Kälte, Trockenheit oder Nasse. Dagegen aber kann sich der Eigentümer heutzutage selbst schutzen und es bedarf keiner V.

II. Die Rechtsbeziehungen zwischen den Beteiligten sind einfacher als bei den Transportgeschaften. In der Regel sind nur zwei Personen beteiligt. Abschluß und Erfullung des Lagervertrages vereinigen sich in einer Hand. Doch sind Abweichungen nicht selten. Spediteure, namentlich die in den Hafen, die kein eigenes Lager haben und regelmaßig großere Mengen Lagergüter

---

[93] Auch V gegen Einlaufen von Regen und Überschwemmungen, Wasser im Keller, sowie gegen Eindringen des Ruckstauwassers in Gebäude kommen vor.

unterbringen mussen, nehmen Lagerfeuer-KV auch fur die in *fremden* Räumen, Speichern, Kellern in ihrem Namen eingelagerten Speditions- oder Lagerguter. Dann liegt ein der Frachtubernahme gleiches Verhältnis vor. Dagegen ist der kommissionsweise Abschluß selten.

III. Die *Haftpflicht des Lagerhalters* beruht auf § 417 in Verbindung mit § 390 HGB. Sie ist nur Verschuldenhaftung. Ein Haftungsausschluß oder eine Einschrankung ist nicht ublich. Trotzdem keine Haftung fur Zufall vorliegt, ist die Haftung des Lagerhalters sehr bedeutsam und empfindlich; nicht, weil er dem einzelnen Kunden gegenuber besonders scharf haftet, sondern weil *jeder Brand die Vernichtung des ganzen Lagers* nach sich ziehen und die Haftung gegenuber der Gesamtheit der Kunden erzeugen kann Das ist eine Eigentumlichkeit des Lagergeschafts.

Eine erhebliche Rolle spielt die Treuhanderhaftpflicht; eine wesentliche Bedeutung fur die V kommt ihr in den zahlreichen Fallen zu, wo kein indossabler Lagerschein ausgestellt, sondern die Verpfandung durch Einräumung des Mitbesitzes (als mittelbaren gegenuber dem unmittelbaren des Lagerhalters) vorgenommen worden ist. Dieser Vorgang liegt auch dann vor, wenn ein Inhaberlagerschein ausgestellt worden ist. Denn dieser ist kein Traditionspapier, sondern nur ein Legitimationspapier im I des Lagerhalters, gibt aber dem Inhaber kein *Recht* auf Auslieferung

IV. Von diesen Fallen sind die zahlreichen zu trennen, wo *Lagerung im Laufe eines Transportes* stattfindet. Der wichtigste Fall ist die Ansammlung der Sammelladungsgüter im Privatlager des Spediteurs. Hier greifen die Regeln des Transportes ein, d. h. der Spediteur haftet auch, soweit er Lagerhalter ist, bei Frachtubernahme nach Frachtrecht, vor allem fur jeden Zufall, der nicht höhere Gewalt ist.

V. Sehr bedeutsam ist das nicht selten vorkommende *Pfandrecht-I des Lagerhalters*. Das gesetzliche — § 421 HGB — freilich hat nur geringe Bedeutung, denn die Lagergelder stellen im Verhältnis zum Werte des Gutes oft nur geringe Summen dar. Das vertragliche beruht auf dem *Lombardgeschaft*. Regelmäßig kann dabei aus den Umstanden der Wille, ein vertragliches Faustpfandrecht zu bestellen, entnommen werden.

Die Einrichtung des Lagerscheins legt den Gedanken nahe, der Lagerhalter konne sich durch diesen vor dem Verluste seiner Ersatzrechte im Falle des Unterganges seines Pfandes in derselben Weise schutzen, wie der Spediteur durch die Zurückbehaltung des Konnossements. Dem ist nicht so. Der Lagerschein ist an sich kein Wertpapier; er kann ihn also aus der Hand geben. Dadurch entsteht die Gefahr, daß der Einlagerer unter Umgehung seiner Person den Anspruch geltend macht.

Immerhin ist sein Konkurrenz-I dann nicht wesentlich fur unsere Untersuchung, wenn er einen *Orderlagerschein* ausgestellt hat. Denn dann erfolgt die Beleihung durch ihn selbst nur gegen Ruckgabe des Lagerscheins.

VI Ganz uberwiegend, viel stärker als bei den eigentlichen Transportgeschaften, ist die *Herrschaft des Lagerhalters uber das Gut* Sie ist als tatsachliche dann vollkommen, wenn er die Einlagerung selbst ausführt, als rechtliche immer ausschließlich. Denn jede Einwirkung auf das Gut geht durch seine Person. Das erklart sich sehr einfach daraus, daß der Lagerhalter den Lagervertrag nicht nur abschließt, sondern auch ausfuhrt.

VII Auf eine Eigenart der Lagerhaus-KV sei noch besonders hingewiesen Sie wird beim Zusammentreffen mit einer Transport-KV stets als die zuerst genommene, diese nur als die ergänzend eingreifende angesehen Das entspricht den Graden von Wahrscheinlichkeit, nach denen die Vr ihr Risiko berechnen können. Der Feuer-Vr kann mit der Feuersgefahr als mit der Hauptgefahr sicherer rechnen, als der Transport-Vr. Denn er kennt die Risiken besser und beschrankt seine Haftung auf diese Gefahr. Der Transport-Vr kann sie nur als ausnahmsweise von ihm zu tragen einstellen.

So kommt es, daß die Lager-V nicht nur die eigentlichen Lagerguter, sondern auch die Transportguter des Spediteurs deckt.

So finden wir eine weit uberwiegende tatsachliche Macht uber das Gut, die sich zu gleicher Zeit an samtlichen Gutern betätigt, und deshalb auch eine sehr umfassende Haftpflicht, wahrend das Pfandrecht-I in den Hintergrund tritt, als gesetzliches kaum eine Rolle spielt, als Faustpfandrecht in vielen Fallen eine anderweite Sicherung findet.

3. Kapitel.

Zusammenfassung.

§ 16.

I. Die Betrachtung der wirtschaftlichen Grundlagen der KV lehrt zunächst, daß diese Form das Gebiet der Fremdversicherung fast uneingeschränkt beherrscht. Dadurch rechtfertigt sich die Untersuchung ihrer Eigentümlichkeiten und insbesondere der Versuch, ihr Wesen und ihre rechtliche Gestaltung aus den wirtschaftlichen Zusammenhängen zu erklären und zu gewinnen.

II Zusammenfassend kann man sagen.

1. a) Die KV ist *undenkbar ohne typische wirtschaftliche Operationen*, die ihr gegenüber selbständig sind, die vor ihr da sind; sie gesellt sich ihnen bei und muß von ihnen beeinflußt werden. Das unterscheidet sie von der VffR, mit der sich eine solche *typische* Vorstellung nicht verbindet

Diese wirtschaftliche Operation ist immer *Besorgung fremder Angelegenheiten*, und zwar solcher in *Bezug auf die versicherte Sache*. Stets kommt sie im Betriebe eines auf solche Besorgungen hauptsächlich gerichteten größeren kaufmännischen oder gewerblichen Unternehmens vor. Die wichtigsten darunter sind die dem Güterverkehr gewidmeten Unternehmungen, die Transportgeschäfte und die damit zusammenhängenden Lagergeschäfte.

b) Ausnahmslos erlangt der Transportunternehmer (Spediteur) eine im *Vergleich mit seinem Kunden überwiegende rechtliche und tatsächliche Macht über die versicherte Sache*; der Kunde gibt diese fast ganz an ihn ab.

Das hat eine doppelte Folge: die eine, aus dem riskanten Wesen der Transportbetriebe entspringende, daß der Unternehmer in dem vom Gesetz im einzelnen geregelten Maße und gerade für den Untergang oder die Beschädigung des versicherten Gegenstandes vom Kunden *haftbar* gemacht werden kann, die andere, daß er die Machtverschiebung zur *dinglichen Sicherung* seiner Ansprüche gegen den Kunden verwerten kann.

2. Diese Beziehungen sind es, die die hinzutretende Versicherung beeinflussen. Im Hinblick auf diese haben sie die Bedeutung, daß *nicht der Kunde, sondern der Kontrahent*

des Kunden, der zugleich Kontrahent des Versicherers ist, *das Schicksal des versicherten Gegenstandes beeinflussen kann*, soweit überhaupt einer dieser beiden dazu imstande ist. Denn er kennt sowohl die Gefahr am besten, als er sie auch willkürlich herbeiführen oder abwenden kann.

3. Das ist aber von Bedeutung für den *Versicherer*. Die Kenntnis des Transportunternehmers von der Gefahr im allgemeinen und im einzelnen Falle schon vor dem Beginn der Versicherung, seine Fähigkeit im günstigen Sinne auf die Entwicklung der Gefahr einzuwirken, ermöglichen ihm die beste Risikoauslese. Er kann die Risiken dort erfassen, wo sie übersichtlich und in *großer Zahl* zusammenkommen und unter Umständen, wo ihnen allen die *nämliche Gefahr* im *nämlichen Grade* und im *nämlichen Maße* droht, mit anderen Worten, wo er das Gesetz der großen Zahl schon auf einen *einzigen* Versicherten anwenden kann. Gerade die Erfahrung und Zuverlässigkeit des Spediteurs, seine Spezialitäten, sein besonderes örtliches Gebiet, sind es, die dem Vr individuelle Behandlung gestatten. Durch die Bücher des Spediteurs gehen viele Millionen Risiken. *Ganz anders* liegen die Dinge *beim Versender selbst*, dem die Wahl des Spediteurs und überdies die Wahl, ob er selbst aufgeben will oder nicht, offen steht. Zur sicheren Risikobemessung ist ferner auch eine *längere Zeit* erforderlich, um einen Überblick zu gewinnen. Auch das ist nur beim *Spediteur* möglich.

Die gleichen Erwägungen gelten für den Lagerhalter.

b) *Aber diese Wirkung auf die Versicherung beschränkt sich nicht darauf, den Kontrahenten für den Abschluß* des V'vertrages zu bestimmen: *sie muß auch die weitere Gestaltung des V'verhältnisses beeinflussen.* Jeder Vrer muß wünschen, daß der V'fall ausbleibt, insbesondere daß er nicht von einem Menschen, also vorsätzlich oder unentschuldbar fahrlässig herbeigeführt wird. Kann er nun von den als Kontrahenten in Betracht kommenden Personen *gerade die zum Kontrahenten für die Vertragerfüllung machen*, in deren Hand diese Fähigkeit überwiegend liegt, so schaltet er von vornherein eine große Zahl der auf *menschliches* Verhalten zurückzuführenden Versicherungsfälle einfach dadurch aus, daß die Verwirkung des Anspruchs droht.

III. Nun erkennen wir den Zweck der KV und seinen Zusammenhang mit wirtschaftlichen Grundlagen. Der Zweck, den der Transportunternehmer verfolgt, ist, mit dem Schutze der primären Interessen des Kunden den der eigenen sekundären zu verbinden, alle an einer Sache hangenden I, soweit sie auf eine typische Gruppe wirtschaftlicher Beziehungen zuruckfuhrbar sind, zu schutzen. Der Zweck, den der Vr damit verbindet, ist seine Risikoauslese und die vorteilhafte Gestaltung seines Geschäftes. Die Erreichung dieser Zwecke in der Form der KV ist immer dann möglich, wenn die geschilderten wirtschaftlichen Voraussetzungen vorliegen, also die geschäftsmäßige Besorgung fremder Angelegenheiten, die die Obhut uber den Gegenstand dieser Operation mit sich bringen.

IV. Gewiß sprechen noch andere Erwägungen mit, wenn es sich darum handelt, die Frage nach dem Wesen der KV zu erortern· aber diesen kommt keine wesentliche selbständige Bedeutung zu.

Die Kreditausnutzung des Vn, seine bessere Kenntnis vom V'betriebe, die Billigkeit und Einfachheit der General-V, alle diese Grunde lassen sich leicht auf die von uns hervorgehobenen Grundlagen zurückführen.

V. Daß die KV der beliebteste Weg zu dem von uns behaupteten Ziele ist, sagt die Lebenserfahrung. Wie sie ihrem Zweck im einzelnen gerecht wird, warum ihr rechtlicher Ausbau das ermoglicht und damit die Frage, wie ihr rechtlicher Ausbau denn eigentlich beschaffen sein muß, das zu untersuchen ist der eigentliche Zweck dieser Arbeit.

Ehe wir die uns geeignet erscheinende Konstruktion entwickeln, soll im folgenden Buch eine kurze kritische Besprechung erkennen lassen, wie sich die Forscher und die Rechtsprechung zu dieser Frage gestellt haben und wie die Praxis der beteiligten Verkehrsbetriebe sie bisher beantwortet hat.

ZWEITES BUCH.

Die Kundenversicherung in der Literatur und in der Praxis.

ERSTER ABSCHNITT

Die Kundenversicherung in der Literatur.

§ 17.

I. Als ein eigenartiger Vertrag, bestimmt, besonderen Bedürfnissen des Güterverkehrs zu dienen, ist die typische Verbindung der General-V mit der V für Rechnung wen es angeht, die wir KV nennen, von der wissenschaftlichen Literatur, soviel wir sehen, noch nicht aufgefaßt und dargestellt worden. Anders die Praxis der beteiligten Handelskreise, die schon seit längerer Zeit Vertragsformulare für diesen besonderen Zweck verwendet. Hierüber ist im zweiten Abschnitt eingehender zu handeln. Die hier zunächst erfolgende kritische Übersicht über die Literatur kann davon ausgehen, daß die KV fast von allen Schriftstellern zusammen mit der VffR besprochen wird, seltener bei der General-V. Das ist richtig, soweit die Vergleichung des rechtlichen Aufbaues die Aufgabe der Darstellung ist, ihrem Wesen nach aber gehört sie in die Transport-V, deren wichtigsten Fall sie bildet.[94]

Dieser Mangel einer speziellen Darstellung an der richtigen Stelle mag daher kommen, daß die Landtransport-V, insbesondere die Bahntransport-V, die ja das Hauptfeld der KV ist, von jeher etwas stiefmütterlich behandelt worden ist. Eine weitere Ursache ist wohl, daß die von der Praxis seit Jahren benutzten, sehr interessanten Vertragsformulare, die im zweiten Abschnitt besprochen werden sollen, den Schriftstellern anscheinend ganz unbekannt sind.

---

[94] So Ehrenberg, Noten 5, 6 auf S. 409 und S. 406 unten des Handbuchs.

Freilich kann darauf hingewiesen werden, daß auch das neue Vertragsgesetz die Landtransport-V eigentlich nur nebenbei behandelt; stellt es doch neben einer Anzahl der Binnentransport-V gemeinsamen Paragraphen in § 135 die einzige Sonderregel für die Bahntransport-V auf, gegenüber einer Reihe nur für die Binnen**wasser**transport-V gültiger. Allein das Verfahren des **Gesetzes** ist richtig; die Transport-V verträgt bekanntlich an sich schon keine zwingende Regelung und es hat deshalb auch wenig Zweck, nachgiebige Normen aufzustellen, die durch die Willkür der Vertragschließenden fast immer doch nur ausgeschlossen werden würden.

II. Ungerechtfertigt ist dagegen die Vernachlässigung, die der Landtransport und damit der KV, vor allem im Vergleich mit der See-V, in der **Literatur** widerfahrt, aber nicht unerklärlich: von jeher haben alle Beteiligten, auch die Reeder und die Ladungsinteressenten an der Entwicklung der See-V gearbeitet, die viel jüngere Landtransport-V dagegen ist von **Anfang** an nur von den V'anstalten ausgebaut worden. Der hauptsächlichste Transportunternehmer ist die Eisenbahn, in Deutschland jetzt fast allenthalben vom Staat verwaltet und überwacht, und diese hat, wie in § 3 am Ende begründet worden ist, an der Entwicklung der Transport-V nicht das mindeste Interesse, sodann haben die Ladungsinteressenten, vor allem die Binnenspediteure, zugleich die erfahrensten Praktiker der Transportgeschäfte, bisher so gut wie keinen Einfluß gewinnen können, weil sie bis vor nicht allzu langer Zeit keine starke und große Vertretung ihres Standes besaßen. Die Vorarbeiten zum Vertragsgesetz hatten das Augenmerk dieser Kreise neuerdings auf dieses Gebiet gelenkt, vor allem in der Speditions- und Schiffahrtszeitung, dem offiziellen Organ des Vereins deutscher Spediteure und einer großen Zahl örtlicher Vereinigungen, werden seit dem Jahre 1910 Fragen des Bahntransport-R, die mit der V zusammenhängen, lebhaft erörtert. Die zwanglosen Äußerungen, Anfragen und Mitteilungen der fachmännischen Laien sind eine wertvolle Quelle, nicht minder die zusammenfassenden Betrachtungen aus der Feder einiger mit dem Verkehrsrecht ganz besonders vertrauter Juristen.

Auch andere sachverständige Stellen haben die Transport-V

neuerdings öffentlich erörtert. Vor allem ist es der Danziger Reeder- und Nautische Verein, der in einem 1904 erschienenen Gesetzentwurf die Abtrennung der gesamten Transport-V und ihre Regelung durch ein besonderes Gesetz verlangte. Eine lebhafte Auseinandersetzung mit der Gegenpartei, vor allem dem Verein Hamburger Assekuradeure und dem Internationalen Transport-V-Verband in Berlin war die Folge; ein anderer Erfolg ist nicht zu erkennen.[95] [96]

Die besonderen Eigenarten der Landtransport-V finden jedoch keine Beachtung.

III. Im Anschluß hieran mag hervorgehoben werden, daß neuerdings wieder Kohler im sechsten Bande des von ihm abgeschlossenen Dernburgschen Lehrbuches die Transport-V als die durch den Kreis der Gefahr ausgezeichnete der gesamten übrigen, durch die Art des Unfalls sich kennzeichnenden Sachschaden-V gegenüberstellt.[97] Der Bedeutung der KV wird er nicht gerecht[98], ebensowenig wie Cosack in der wenig übersichtlichen Darstellung in der 7. Auflage seines Handelsrechts, wo er ohne inneren Zusammenhang in § 163 nur die Form der laufenden V, nicht aber ihre Bedeutung als Fremd-V bespricht, während er sie bei der VffR, S. 636, ganz übergeht und ihrer auch sonst nicht, insbesondere bei der weit verstreuten Erörterung der Transport-V gedenkt.

IV. Die eigentliche versicherungsrechtliche Literatur wird auf die KV regelmäßig durch die VffR im engeren Sinne gelenkt und das führt dazu, daß sie — das geht unsere auf diese Dinge gerichtete Untersuchung an — ihre besonderen wirtschaftlichen

---

[95] Die einzelnen Streitschriften sind in der genannten, bei Guttentag erschienenen Schrift aufgeführt. Vgl. auch den Kommentar von Gerhard Hagen usw. S. 503.

[96] Für unsere Arbeit ist es bemerkenswert, daß die Einleitung S. 6 hervorhebt, schon die eine Tatsache, daß bei der Transport-V sowohl bei den Regeln über den Abschluß, wie bei denen über den V'schein nicht der Vt, sondern der Vn dem Vr gegenübergestellt werden müsse, verbiete ein gemeinsames Gesetz.

[97] S. 411; dort spricht er davon, daß die „Verbesonderung" der V hier derart erfolgt, daß zwar verschiedene Gefahren in Betracht kommen, aber nur solche, die das Gut in bestimmter Umgebung zu erleiden hat.

[98] S. 425 § 30, S. 442 III.

Eigenarten nicht klar hervorhebt. Diese Unklarheit wird noch großer durch das vergebliche Bemuhen, einheitliche wirtschaftliche Grundlagen der VffR zu finden, zu der man die KV im großen ganzen ohne weiteres rechnet. Noch weiter vom Ziele irren die nicht wenigen Schriftsteller ab, die sich uber jene Fragen uberhaupt nicht den Kopf zerbrechen, sei es, daß sie diese Elemente als feststehend voraussetzen, oder daß sie es fur unnötig halten, sich mit ihnen uberhaupt abzugeben.

V. Die Aufmerksamkeit der Schriftsteller ist wohl erst in den neunziger Jahren des vorigen Jahrhunderts auf die KV gelenkt worden, wohl bald nach ihrem Aufkommen. So kommt es, daß Lewis 1889 erschienenes Lehrbuch und Voigts 1884 erschienener See-VR-Kommentar sie gar nicht erwahnen.

Zum ersten Male[99] gedenkt ihrer Ehrenberg, und zwar in dem 1891 erschienenen 30. Band der Jheringschen Jahrbucher, wo er auf S 435, 445 die Kollektivfeuer-V des Lagerhalters anfuhrt, um schon 1893 im Allgemeinen Teil seines Handbuches auf die in der See-V sich schnell verbreitende General-V als eine bedeutsame, selbstandige Weiterbildung des sonst so konservativen See-VR vernehmlich hinzuweisen [100] Ihrer Konstruktion und Technik widmet er eine eingehende Darstellung[101], laßt sich aber uber ihre wirtschaftlichen Grundlagen nur beilaufig aus, anscheinend in dem Bestreben, diese Dinge bei der Transport-V zu behandeln.[102] Bei der Darstellung der VffR nennt er als deren Grundlagen die Unbestimmtheit des wahren I'ten, die Verwertung des Kredits des Vn, die untrennbare I'mischung; diese Ausfuhrungen gelten aber wohl zunachst der VffR im engeren Sinne.

Sehr zu beachten ist das Seite 314 unter bb Gesagte: Hier bejaht Ehrenberg klar und deutlich die Frage, ob ein anderer als der Eigentumer ohne jede Rücksicht auf dessen Wissen und Wollen dessen Sache unter V bringen kann. Diesen Gedanken weiter zu spinnen, davon ist Ehrenberg ganz offenbar durch

---

[99] Nachdem er sie schon in der 1884 erschienenen Schrift uber die Ruckversicherung erwahnt hatte.

[100] Vgl. auch S. 103.

[101] S. 406 ff.

[102] Noten 5, 6 auf S. 409 und S. 406 unten

seine Lehre vom objektiven I und vom arithmetischen Verhältnis der Konkurrenz-I[103] abgehalten worden.

Neuerdings hat Ehrenberg, und zwar im 3 Bande der Zeitschrift fur die gesamte V'wissenschaft Seite 303 ff. in dem Aufsatze: „Die gesetzliche Regelung der laufenden Versicherung" eine kurze gesetzliche Regelung der laufenden Transport-V gefordert. Das Vertragsgesetz hat jedoch davon abgesehen.

VI. Hellwig behandelt in seinem 1899 erschienenen Buch „Die Verträge auf Leistung an Dritte" und entwickelt S. 539 ff. die Schaden-V für fremde Rechnung aus den Gesichtspunkten dieser Vertragsform heraus. Auch er hält die VffR und die KV nicht auseinander, es ist nicht einmal zu erkennen, ob er die damals doch schon weitverbreitete und von Ehrenberg eingehend in seinem Handbuch besprochene General-V uberhaupt kennt. Wenigstens übergeht er sie auf Seite 546, wo er vom Lagerhalter und Kommissionär spricht, um auf Seite 547 zur Kollektivunfall-V, auf die er offenbar durch die Ehrenbergsche Abhandlung in Jherings Jahrbuch 30 aufmerksam gemacht worden ist, überzugehen. Der Eindruck, daß ihm die wirtschaftlichen Verhältnisse, insbesondere des Gutertransportes, nicht vertraut sind, wird durch einzelne Stellen bestatigt, wo er sich darauf beruft.[104]

---

[103] Siehe §§ 2, 3 der Abhandlung uber den I'begriff.

[104] So uberschatzt er S. 551 die Wichtigkeit der Kenntnis des Vr von der Personlichkeit des Vt fur die Feuer-V, die als Immobiliarfeuer-VffR nur ausnahmsweise, als Mobiliarfeuer-V uberwiegend als KV vorkommt, ebenso auf S. 563, wo er in aller Allgemeinheit behauptet, „es sei fur den Vr (Vn ist ein Druckfehler) von dem großten Interesse, zu wissen, ob die V ohne Wissen und Willen des Interessenten genommen wird wegen derjenigen Momente, die in der Person des Vt liegen. Seine Berufung auf Ehrenberg, Jahrb. 30, laßt vermuten, daß er diese Behauptung ohne Prufung einfach ubernommen hat; er hat dabei freilich ubersehen, daß Ehrenberg selbst bald darauf, namlich in seinem Lehrb. S. 180, 311, von der „Uberschatzung des personlichen Elementes, die dem Stande der V nicht mehr entspreche", spricht. S. 545 laßt nicht erkennen, ob ihm bekannt ist, daß gerade bei der Transport-V in der Regel der Spediteur, nicht der Versender die V nimmt. Auf derselben Unklarheit beruht sein Verlangen S. 564, „der Vr musse im Hinblick auf das weit großere Vertrauen, das er seinem Kontrahenten schenke, sogleich daruber unterrichtet werden, ob die spezielle V mit Wissen und Wollen des Vt genommen werde". Gerade in den Fallen der KV kennt der Vr seinen Kontrahenten, den Spediteur

Seine Behauptung, auch die VffR sei ein Vertrag zugunsten eines Dritten, mag für die VffR im strengen Sinne zutreffen. soweit er darunter aber auch die KV versteht, ist ihm nicht beizutreten.

VII. Von denjenigen Schriftstellern, die sich mit dem vor den neuen V'gesetzen geltenden Recht befassen, ist sodann noch Muller-Erzbach zu nennen, der in seinem 1905 erschienenen Buche „Die Grundsätze der mittelbaren Stellvertretung aus der Interessenlage entwickelt" S. 63ff. mit der See-VffR beschäftigt.

Er ist trotz seiner selbstgestellten Aufgabe, die Rechtssätze entgegen einer seiner Meinung nach verfehlten Begriff Jurisprudenz auf tatsachlichen Grundlagen aufzubauen — vielleicht von der Wirklichkeit am weitesten entfernt, wenigstens was die Darstellung unseres Gebietes angeht. Er konnte sonst nicht behaupten, „dem Vn fehle ebenso wie einem ‚Vermittler' jedes direkte und selbständige Interesse an dem Inhalte des V'vertrages," „ein Interesse am Nichteintritt des V'falles fehle

oder Lagerhalter, so genau, daß ihm die Person des Vt ganz gleichgultig ist. Seine Behauptung, S 581 unter 1a: „beim Mangel einer Police konne der Vt ohne weiteres die Anspruche aus dem V'fall gegen den Vr erheben", stutzt er auf die communis opinio; er geht auf die durchaus entgegengesetzte Ubung der Praxis, namentlich wo es sich um die notwendig policenlose KV handelt, uberhaupt nicht ein. S. 581 unter 1b gibt er aus Grunden seiner Konstruktion „ebenso wie dem Absender bei den Transportvertragen und speziell bei der mit ihnen verbundenen Eisenbahntransport-V (er meint damit die Interessedeklaration)" auch dem Vn einen direkten Anspruch auf die V'summe; dieser Anspruch soll dann wegfallen, wenn der Vt von der V uberhaupt nichts weiß, denn dann bestehe die Moglichkeit, daß der Vn die Gelder einstreicht und „daß das alles dem Dritten unbekannt bleiben wurde, eine Gefahr, die gerade in den hier in Betracht kommenden Fallen wegen der haufig sehr weiten Entfernungen des Interessenten und aus anderen naheliegenden Grunden besonders groß sei". Jeder, der weiß, in welchem Grade die vor allem in Betracht kommenden Vn, also die Hafenspediteure (der Abschnitt handelt von der See-V) auf das Vertrauen ihrer Kunden angewiesen sind, wird dieses Argument verwerfen; auch ubersieht Hellwig offenbar, daß die V uberseeischer Transporte einfach selbstverstandlich ist, daß jeder Exporteur sich uber die V schlussig macht, und dann vor allem, daß die Regulierung, soweit die Gutertransport-V in Betracht kommt, nur gegen Vorlegung der Konnossemente erfolgt.

offenbar dem Vn, bei der VffR; er bringe ja lediglich fremdes I unter V".[105]

Auch von der Abwicklung des überseeischen Geschäftes hat er keine sichere Vorstellung.[106] Unrichtig ist auch die Behauptung, daß der „Versicherte und I gewöhnlich Inhaber einer Police sei";[107] sie zeigt, und das geht uns besonders an, daß der Verfasser die Generalpolice und insbesondere die KV, die er überhaupt nicht erwähnt, offenbar nicht kennt, obwohl sie 1905 schon weit verbreitet war, auch im Seetransport-V'geschäft.[108]

VIII. Konrad Schneider berücksichtigt in seinem Aufsatz „Die VffR nach dem Gesetzentwurf über den Versicherungsvertrag unter Vergleichung mit dem Handelsgesetzbuch" in Band V der Zeitschrift für die gesamte V'wissenschaft auch die V für Rechnung wen es angeht und beschäftigt sich sehr eingehend mit dem rechtlichen Ausbau im einzelnen. Über den wirtschaftlichen Zweck läßt er sich mit Bestimmtheit dahin aus, daß sie immer dann gewählt werde, wenn es zur Zeit des Abschlusses noch nicht möglich oder doch nicht tunlich ist, den Berechtigten oder das I mit der sonst nach Vertragsregel erforderlichen Bestimmtheit zu bezeichnen; „sowohl der Vt, d. h. der schließlich Entschädigungsberechtigte wie ... auch das ver-

---

[105] S. 68, 75. Die Berufung auf Ehrenberg, Jahrb. 30, trifft nicht mehr zu im Hinblick auf das Handbuch, wo allenthalben das Bestreben hervortritt, auch dem Vn auf irgend eine Weise zu ermöglichen, seine Konkurrenz- und Koinzidenz-I unter V zu bringen.

[106] S. 79, wo er übersieht, daß Konnossement und Police oft zunächst in die Hand des als Versender auftretenden Spediteurs gelangen, dann mit der Sekunda vom Verkäufer der lombardierenden Bank übergeben werden und erst durch deren überseeische Vertretung gegen Deckung ihrer Vorschüsse dem Käufer ausgeliefert werden. Dieser Geschäftsgang hat die Einschiebung einer Reihe von nicht selbständig, aber sehr stark am Schicksal der Ware und deshalb am Bestehen einer ausreichenden Transport-V interessierter Personen zur Folge. Die Bedeutung der Person des Verkäufers und des Käufers wird dadurch während der eigentlichen Reise sehr vermindert und diese gerade dem überseeischen Transport eigenen Zwischeninteressen bestimmen auch das Wesen der See-VffR mit.

[107] Die bei der General-V vorkommenden Zertifikate sind keine Einzelpolicen, sondern nur Bescheinigungen der erfolgten Deklaration. Vgl. Sieveking, Komm. S. 27 Anm. 4.

[108] Vgl. auch über die Konstruktionsfrage S. 78 (§ 19) und Lenné S. 7 I.

sicherte I sollen zunächst noch oder überhaupt wechseln können, damit den Absichten der Beteiligten in jedem Maße gedient werde. Es soll mangels Notwendigkeit genauer Bezeichnung beim Abschluß gestattet sein, von der Festlegung, wer Vt sei und was (d. h. welche Art des I) versichert werde, vorderhand abzusehen. Besonders augenfallig gelange das zur Anwendung bei der V fur Rechnung wen es angeht; entsprechend den wirtschaftlichen Vorgangen bei solchen Verhältnissen wurden die versicherten Sachen nicht nur erst durch den Eintritt in einen gewissen Inbegriff später oder endgultig bestimmt, sondern es könne auch eine Reihe von Vt, die an derselben V beteiligt seien, einander folgen, z. B. nacheinander Absender, Spediteur, Frachtfuhrer, ablehnender Empfänger, Lagerhalter."

Solche Ungebundenheit beim Abschluß ist es nach Schneiders Ansicht hauptsächlich, wodurch sich diese Form ihren besonderen Zwecken angepaßt hat. Zweifellos kommt Schneider damit der Sache, auch dem Wesen der KV nahe[109], aber die selbständige Bedeutung dieser Form gegenüber der Fremd-V überhaupt scheinen ihm ebenso unbekannt zu sein, wie die besonderen Verhältnisse des Gutertransportes. Beim Umfang seiner sehr ins einzelne gehenden Darstellung hätte es nahe gelegen, hierauf besonders einzugehen. So beruhen z. B. die Ausfuhrungen über die Transport-V auf Seite 258 zu B, 2. Absatz auf unrichtigen Voraussetzungen: der „letzte Vt" im Sinne Schneiders kann bei der Transport-V in diesem Falle nur der Frachtfuhrer sein, denn der zugegeben interessierte Adressat kann die Sendung zur Zeit eines Transportunfalles noch nicht in Handen haben: der Frachtführer aber ist entweder die Bahn oder der Seeverfrachter; diese aber scheiden aus den in § 3 und § 9 III (S ???) angeführten Grunden aus der Zahl derjenigen aus, die an dieser Transport-V uberhaupt ein Interesse haben können. Unrichtig in ihrer Allgemeinheit ist auch die Behauptung, die VffR diene dem alleinigen wirtschaftlichen Vorteil des Vt.[110]

Dem Wesen der Sache dagegen kommt er näher in dem Bestreben, die Pflichten an die Mitglieder der versicherten Partei

---

[109] Vgl. z. B. S. 248 oben, wo er aber uber die Rolle des Frachtfuhrers als V'I irrt.

[110] S. 246.

nach der rein tatsachlichen Feststellung zu verteilen, wer die Gewalt uber die Sache und die Kenntnis seines Schicksals und der sie bedrohenden Gefahren hat.[111] Allerdings wird er auf diese Forderung wohl vor allem dadurch gebracht, daß er den Frachtführer mit zu den Vt rechnet; so erklärt sich wohl auch seine ohne nahere Begrundung auf Seite 252 aufgestellte Behauptung, da fur die Sache doch immer irgend ein Hüter da sein musse, so befinde sie sich häufig gerade in der Hand des Vt und fern vom Einfluß des Vn; dieser Vt kann beim Gutertransport doch nur der Frachtfuhrer sein, denn der Versender gibt die Gewalt über die Sendung ganz auf.

Auch daß Schneider die uberaus wichtige Frage der Doppel-V ganz übergeht, ist auffallig, ebenso schließlich die vollstandige Nichtachtung der Vorschriften uber die Veraußerung der versicherten Sache.

IX. Der Kommentar zum Versicherungsvertragsgesetz von St. Gerhard, Hagen u. a. gibt weder auf Seite 249, Zusatz II zu § 54, wo die Technik der Kollektiv-V behandelt wird, noch auf Seite 513, wo er die General-V als ein der Transport-V eigentümliches Gebilde bezeichnet, eine nahere Darlegung wirtschaftlicher Grundlagen, sondern verweist auf die Schriften von Manes. Bei der Darstellung der VffR laßt er auf S. 342 die Frage nach dem Zweck offen, die besonderen Eigentumlichkeiten der KV berucksichtigt auch dieses umfangreiche Werk nicht.

X. Die Begrundung der Gesetzentwürfe, die in diesem Zusammenhange zu nennen sind, beschranken sich darauf, bei der VffR Ehrenbergs Erwägungen wiederzugeben und lassen sich auch bei § 187 nicht näher aus.

XI. Von den vielen kleineren Kommentaren zum Vertragsgesetz ist nur auf den von Josef einzugehen.[112] Josef hebt die Bedeutung der KV ebenfalls nicht heraus, stutzt sich bei der

---

[111] S. 251 4. Absatz.

[112] Dr. Best 1908, Dr. Gugel 1909, Dr. Zehnter 1908, Kufahl-Sauer 1908, Dr. Lindner und Dr. Fell 1909 beschranken sich auf den Abdruck der Materialien; Lindner-Fell arbeiten noch mit dem aufgehobenen § 782 HGB. (S. 113)' Hager-Behrend (2. Auflage von Hager-Bruck) gehen ebenfalls auf das Wirtschaftliche nicht ein. Der Schneidersche Kommentar gibt die Gedanken der schon erwahnten Abhandlung wieder.

VffR S. 160 auf Schneider und die Begründung, also auf Ehrenberg. So kommt es, daß auch er als wesentlich das „alleinige wirtschaftliche Interesse des Vt" bezeichnet. In einem gewissen Widerspruch damit stehen seine Ausfuhrungen in dem Aufsatz: „Schutz durch mittelbare V", Zeitschrift fur die gesamte V'wissenschaft XII S. 778 ff., der durch die noch zu erwähnenden Aufsatze von Moldenhauer und Flechtheim veranlaßt ist. In dem dort erorterten Falle hat ein Automobilfabrikant alle in seiner Fabrik befindlichen Wagen, eigene und fremde, versichert und der Streit geht darum, ob in Ansehung der fremden Wagen eine Haftpflicht-V für eigene oder eine Sach-V fur fremde Rechnung vorliegt. Es handelt sich also um eine echte KV. Josef stellt nun — S. 785 — den Satz auf: „*Das Vorliegen einer VffR werde nicht dadurch ausgeschlossen*, daß der Vn eine Obhut- oder Herausgabepflicht betreffs der versicherten Sache habe, und also zugleich bezwecke, das eigene I (Haftung aus der Obhutpflicht) zu schutzen. Auf eine solche V finden danach nicht die Grundsatze von der Haftpflicht-V, sondern lediglich die über die VffR Anwendung."

Es ist fur die ältere Auffassung vom Wesen der VffR sehr bezeichnend, daß Josef mit dem Einwand rechnet, das eigene I des Versicherten schließe eine VffR aus. Er ist aber trotz der Alltaglichkeit solcher Verhaltnisse, die schon Ehrenberg beobachtet hat, weit davon entfernt, auf die Frage zuzukommen, ob und wo eine solche oder ahnliche Lagerung der Interessen so typisch ist, daß daraus Schlusse fur das Wesen und den Ausbau der dafur in Betracht kommenden V gezogen werden mussen. Was ihn daran hindert, ist die uberlieferte Meinung, das eigene I des Vn gefährde die Solidität der V.

XII. *Flechtheim*, mit dessen Erorterungen sich Josef, wie schon bemerkt, befaßt, bekennt sich in einem Aufsatz „Schutz durch mittelbare V", erschienen in der Leipziger Zeitschrift V S 675 ff., weitergehend als Josef, zu der Moglichkeit und Zweckmäßigkeit *einer mittelbaren V eigener Interessen durch die unmittelbare der fremden oder VffR im eigenen I.* Er legt ihren besonderen wirtschaftlichen Voraussetzungen auch Einfluß auf ihre rechtliche Gestaltung bei, will insbesondere der Natur der Sache nach in Fallen, wo der Kommissionär, Lagerhalter, Spediteur, Schneider usw. Kundenwaren versichert, den Regreß des Vr gegen den Vn ausschließen. Er kommt damit auch dem Wesen der KV nahe, unterlaßt aber, was im Rahmen seines wohl mehr eine Anregung als eine zusammenfassende Erorterung darstellenden Aufsatzes verständlich ist, auf die Besonderheiten der V fur Rechnung wen es angeht und der KV näher einzugehen. Bemerkenswert ist seine Mitteilung, daß die Verfolgung der Regreßanspruche von den Vr neuerdings scharfer gehandhabt wird, wahrend seine Annahme auf Seite 684 1. Absatz am Ende, der Spediteur bringe nur sein eigentliches, nicht auch sein Frachtführerhaftpflicht-I unter V, nicht allenthalben zutrifft.

XIII. Im Gegensatz zu den bei Flechtheim, Moldenhauer und Josef wahrnehmbaren Versuchen, ein neues, eigenartiges Gebilde zu ergreifen, halt der von Dr. Sieveking in Hamburg als Fortsetzung des Schapschen 1912 herausgegebene Kommentar zum See-VR an der herkommlichen Auffassung fest. Mit der Behauptung, die VffR sei eine dem See-VR eigentumliche besondere Vertragsgestaltung, steht der Verfasser wohl allein da. Der laufenden Güter-V widmet er eine eingehende Betrachtung im Anschluß an § 817 Anm. 4 ff., beschäftigt sich aber nur mit dem rechtlichen Ausbau und erwahnt mit keinem Wort, daß diese Form gerade als Fremd-V ihre Hauptrolle spielt

XVI. Drei neuere Dissertationen, die von Stolle-Gottingen 1906, Ramshorn-Leipzig 1910 und die von Byk, Heidelberg-Berlin 1911, handeln uberwiegend von Konstruktionsfragen. Auffallig ist allen dreien die Nichtachtung der vom Vvg aufgestellten neuen, eigenartigen und zweckmäßigen Regeln über die Veraußerung der versicherten Sache, die im Hinblick auf § 142 gerade für die Transport-V von großter Bedeutung sind.

XV. Die umfassendste und eingehendste Behandlung hat die Lehre von der VffR und damit auch die unser Thema beruhrenden Dinge durch die Abhandlung von Lenné erfahren, die 1911 unter dem Titel „Das Versicherungsgeschäft für fremde Rechnung" in der von Professor Dr. Heymann in Marburg herausgegebenen Sammlung von Arbeiten zum Handels-, Gewerbe- und Landwirtschafts-R erschienen ist. Lenné, der die Literatur sehr weit berucksichtigt, geht beim rechtlichen Ausbau eigene Wege. Die wirtschaftliche Seite behandelt er im Anschluß an Ehrenberg und

Schneider S. 1 ff., weist aber von Anfang an und auch späterhin S. 3, 31, 41, 43, 53 ff., 60 unter III ziemlich ins einzelne gehend und unzweideutig auf das eigene Interesse des Vn am Bestehen der V hin, und zwar ganz offenbar als einer von ihm selbst genommenen. Aber auch er unterläßt, diesen den Schlüssel zum Wesen der KV enthaltenden Gedanken weiter auszuspinnen. Bei ihm findet sich vor allem eine sorgfältige Kritik der fruher aufgestellten Konstruktionen.

XVI Seit dem Jahre 1912 berichtet in der Zeitschrift fur die gesamte V'wissenschaft Brüders uber die Rechtsprechung der Transport-V und die damit zusammenhangenden Fragen des Transport-R. Entscheidungen, die für unsere davon ja sehr beruhrten Erörterungen in Betracht kämen, sind dort aber bisher nicht veroffentlicht worden. Die ältere Rechtsprechung ist von Lenné vielfach verwertet worden.

XVII. Wir fassen uns zusammen und konnen wohl sagen, daß keiner der genannten Schriftsteller auf die KV als eine selbstandige Bildung im Gebiete der Fremd-V eingeht. Ebensowenig wie ihre Betrachtung zum Ausgang der Behandlung der Lehre von der Fremd-V gemacht wird, ebensowenig wird sie im Laufe der Erorterungen klar und bewußt aus dem ganzen der Fremd-V herausgehoben. Die ständige Verquickung mit dieser verhindert, daß die vorhandenen Ansätze verfolgt werden. So kommt es, daß nur die einzelnen wirtschaftlichen Gesichtspunkte erkannt werden, nicht ihr eigenartiger und wesentlicher Zusammenhang. Wir fuhren das vor allem auf die schon eingangs hervorgehobene Vernachlassigung des Wirtschaftlichen uberhaupt, insbesondere der Verhältnisse des Landtransportes zurück und glauben weiter darin auch den Grund dafur zu erblicken, warum ein aus vergangenen Zeiten uberkommenes Gespenst noch immer störend wirkt, nämlich die Angst vor den Folgen der Wetterversicherungen, die fur die Schadens-V des Binnenlandes niemals am Platze war, aber auch im Bereich der Winde und Wellen langst keine Schrecken mehr haben sollte im Jahrhundert der Schiffe von Eisen und Stahl.[113]

[113] Selbst Lenné kann sich von solchen Vorstellungen nicht frei machen, vgl. S. 16, wo er annimmt: „in den meisten (!) Fallen sei der V'nehmer

Bei diesem negativen Ergebnis mussen wir davon absehen zu untersuchen, ob die fur die VffR aufgestellten Konstruktionen fur die KV passen Das ist schon deshalb unangangig, weil die VffR, d. h. alles, was die uberlieferte Einteilung darunter versteht, sehr verschiedenen wirtschaftlichen Bedurfnissen dient. Wir glauben daher auf dem richtigen Wege zu sein, wenn wir von dem ganzen der Fremd-V die KV als eine typischen Zwecken gemaße Vertragsform abtrennen und, unbekummert um alle fur die VffR aufgestellten Konstruktionen, versuchen, eine ihr entsprechende Konstruktion zu finden. Den Anhalt dazu finden wir in dem von der Praxis des taglichen Lebens in steter Anpassung an die von ihr empfundenen Bedurfnisse geschaffenen Einrichtungen.

ZWEITER ABSCHNITT.

Die Kundenversicherung in der Praxis.

§ 18.

Überblick. Das Vertragsgesetz.

I Die versicherungsmaßige Deckung verschiedener an derselben Sache bestehender Interessen mehrerer Personen kann zunachst so erfolgen, daß jedes I unmittelbar Gegenstand der V ist. Dafur bestehen zwei Moglichkeiten: entweder findet getrennte V jedes einzelnen I statt oder V aller I durch einen V'vertrag

Die getrennte V gegen die gleichen Gefahren ist unwirtschaftlich; das bedarf keiner weiteren Darlegung. Fur die Sachschadens-V kommt sie deshalb nicht in Betracht. Dagegen ist eine solche Losung angebracht außerhalb der Sach-V, z. B. wird das Gesundheits-I einer Person und die aus der Verletzung der Person entstehende Haftpflicht regelmäßig durch getrennte V, Unfall-V und Haftpflicht-V, gedeckt.[114]

Die gemeinschaftliche V verschiedener I mehrerer Per-

---

in der Lage, den V'fall willkurlich herbeizufuhren, z. B. durch Aussendung (!) schadhafter Schiffe".

[114] Die sog. „kombinierte Automobilpolice", die Kasko, Unfall und Haftpflicht deckt, ist nicht V der an einer Sache moglichen I, sondern die Zusammenfassung mehrerer Versicherungen in einem Vertrage.

sonen ist mindestens zum Teil immer VffR. Es ist moglich, daß ausdrucklich sowohl das Eigentum-I des Kunden wie die sekundaren Interessen des Spediteurs usw. zu Gegenstanden einer V gemacht werden. Allein diese Mischung stellt ein Gebilde dar, das zu sehr verwickelten Folgen fuhrt; vor allem könnte — wenigstens nach § 80 Vvg — jeder I unabhangig von den anderen den Anspruch an den V'rer erheben. Das aber widerspricht der Praktikabilitat der V. Der V'rer muß in der Lage sein, es nur mit *einem* Vertragsgegner zu tun zu haben.

Eine andere Möglichkeit, durch einen Abschluß verschiedene I mehrerer Personen zu unmittelbaren Gegenstanden der V zu machen, gibt es nicht Insbesondere kann, wie dargelegt ist, keine V des objektiven Interesses stattfinden.

II. *Versicherungsmaßige Deckung liegt aber auch schon dann vor, wenn nur eines der verschiedenen I unmittelbar Gegenstand der V ist, wahrend die anderen nur mittelbar geschützt werden* Diese Form erweist sich als die allein brauchbare fur die Sach-V, sie allein gibt auch eine klare Konstruktion.

III. Die Hervorhebung des einen I unter mittelbarem Schutz der anderen ist vom *Vertragsgesetz* in mancher Beziehung angenommen worden. § 77 schutzt bei der VffR die sekundaren *Konkurrenz-I* des V'nehmers. Ziemlich eingehend ist im BGB und im Vertragsgesetz der mittelbare Schutz der Pfandrecht-I der Hypothekengläubiger geregelt.

Es kann kein Zweifel bestehen, daß in diesen Fallen nur das Eigentümer-I Gegenstand der V ist und daß das Gesetz den Begriff des objektiven I ablehnt.

Dagegen laßt das Gesetz die *koinzidierenden* I ohne Schutz. Beim Mangel einer ausdrücklichen Vorschrift kann kein Zweifel daruber herrschen, daß auch bei der VffR der aus schuldhafter oder sonst zu vertretender Handlung des Vn dem Vr erwachsende Anspruch als Regreßanspruch auf den V'rer nach § 67 I Satz 1 übergeht. Daran andert auch Satz 2 des Absatz 1 nichts, denn nach der Entstehungsgeschichte ist der V'nehmer des § 67 nur der Trager des I, also der Vt im Sinne der VffR. Und selbst wenn man sich dem Wortlaut anschließen und darunter wirklich den

V'nehmer im Gegensatz zum Vt verstehen durfte, so entfallt nach § 148 gerade fur das große Gebiet der Transport-V diese dem V'nehmer gunstige Ausnahme wieder weg.

Dem Schutz der Konkurrenz-I wiederum dienen die Vorschriften über den V'schein in §§ 75, 76. Sie greifen aber nur dann ein, wenn ein V'schein erteilt wird. Gerade in den wirtschaftlich so wichtigen Fällen der KV ist das ganz unüblich. Die Generalpolice ist naturlich nicht der V'schein im Sinne des Gesetzes. Nur in der Seetransport-V ist es ublich, aber auch nur auf Verlangen der Kunden Einzel-V'scheine, sog. Zertifikate, auszustellen [115]

IV. Diese Lucken des Gesetzes sind keineswegs neu, sondern im ganzen schon im ADHGB ersichtlich; sie haben ihren guten Grund in der Notwendigkeit, für freie Bildungen Raum zu lassen Diese sind denn auch durch die Praxis der beteiligten Wirtschaftskreise geschaffen worden Zunächst ist die im Verein deutscher Spediteure im Jahre 1902 empfohlene Normaltransportversicherungspolice zu erwahnen, dann die von derselben Vereinigung eingefuhrte Spediteurklausel, und schließlich die Spediteurhaftpflichtpolice der Viktoria zu Berlin. Die Normaltransport-V ist nicht eingeführt worden, weil die Vrer dafür nicht zu haben waren.

Es darf hervorgehoben werden, daß die Praxis in den beiden anderen tatsachlich eingefuhrten Formularen entgegen der weitverbreiteten und von den angesehensten Forschern de lege ferenda vertretenen Lehre vom objektiven I offenbar dem Gedanken folgt, daß nur eines der I unmittelbar zum Gegenstand der V wird, die anderen aber mittelbar geschutzt werden. In der sog. Spediteurklausel finden wir das Eigentumer-I als unmittelbaren Gegenstand der V, in der Spediteurhaftpflichtpolice die sekundären I, vor allem das Haftpflicht-I.

Die bezeichneten Formulare sind unseres Wissens noch nirgends besprochen worden Sie finden sich auch in keiner der neueren Sammlungen, weder in der vom Deutschen Verein fur Versicherungswissenschaft herausgegebenen, noch in der Manesschen Ein-

---

[115] Diese sind aber keine Policen, sondern nur Bestatigungen der erfolgten Deklaration durch den Vn. Vgl. Sieveking, Komm. S. 27 Anm. 4.

fuhrung in die Praxis, noch auch im Versicherungslexikon und im Staatswissenschaftlichen Worterbuche desselben Verfassers.

§ 19.
Die Normaltransportversicherungspolice des Vereins Deutscher Spediteure vom Jahre 1902.

I. Klare, einheitliche und für ihre besonderen Bedürfnisse passende V'bedingungen zu erlangen, ist seit längerer Zeit das Bestreben der deutschen Spediteure gewesen und besonders ihre Standesvertretung, der Verein Deutscher Spediteure, hat sich schon seit den neunziger Jahren darum bemuht. 1899 beschloß die Generalversammlung, den Vorstand mit der Ausarbeitung einer „Normaltransportversicherungspolice" zu beauftragen. Nach langeren aber wenig ergiebigen Erhebungen bei den Mitgliedern veroffentlichte der Vorstand einen solchen Entwurf in Nr. 21 der Speditions- und Schiffahrtszeitung, Jahrgang 1902, zum Zwecke der Besprechung auf dem Spediteurtag dieses Jahres. Dem Entwurf ist eine kurze Erlauterung beigegeben.

Zur praktischen Anwendung dieser Police ist es nicht gekommen. Die Versicherer verhielten sich ablehnend. Allein die Viktoria in Berlin erkannte das Bedürfnis der Spediteure nach einer modernen Transport-V an und verwertete die Anregung zur Revision ihrer damals schon eingefuhrten Spediteurhaftpflichtpolice, die in ihrer seit 1903 geltenden Fassung in § 21 besprochen werden wird.

II. Da dieser Entwurf die Wunsche der Spediteure sehr deutlich erkennen laßt, so seien die wichtigsten Bestimmungen wiedergegeben. Die eigentliche Police lautet wie folgt:

„Die V'gesellschaft versichert hiermit dem Herrn . . . . . auf Grund des eingereichten Versicherungsantrages die von ihm innerhalb Europas zu Lande, auch unter Uberschreitung von Binnengewassern, als Spediteur oder Frachtfuhrer versandten und bezogenen Speditionsguter gegen eine Pramie von . . $^0/_{00}$ ihres Wertes unter den nachfolgenden allgemeinen und besonderen Bedingungen, denen sich beide Vertragsschließende, der Versicherungsnehmer durch Annahme dieser Police, unterworfen, auf die Dauer von . . . Jahren, gerechnet vom . . . . . . Mittags 12 Uhr ab, gegen Verlust und Beschadigung wahrend des Transportes "

In § 1 der Bedingungen werden die in Betracht kommenden I bestimmt wie folgt:

Durch die Versicherung wird jedes rechtliche und wirtschaftliche Interesse gedeckt, welches der Versicherungsnehmer fur eigene Rechnung oder fur Rechnung eines Dritten, von dem er Auftrag zur Versicherung erhalten hat, daran geltend machen konnte, daß die versicherten Gegenstande vollstandig und unversehrt in die Hande des Empfangers gelangen. Soweit der Versicherungsnehmer in fremdem Auftrage versichert, gilt das Interesse des Dritten als gedeckt Den Auftrag hat die Gesellschaft als erteilt gelten zu lassen, wenn der Versicherungsnehmer dem Dritten eine Versicherungsgebuhr berechnet hat; der Beweis des Gegenteils ist zulassig. Soweit kein Auftrag zur Versicherung vorlag, beschrankt sich die Versicherung auf das eigene Interesse des Versicherungsnehmers, mag dieses in dem Eingange eines durch das versicherte Gut gedeckten Guthabens oder in der Sicherstellung gegen Anspruche der Transportinteressenten bestehen; hierunter fallt insbesondere auch die Versendung von Speditionsgut durch Sammelladung ohne vorherige Vereinbarung mit dem Kommittenten.

Dazu bemerkt die Begrundung:

Die Versicherung ist grundsatzlich auf alle Landtransporte innerhalb Europas ohne Beschrankung auf gewisse Verkehrsmittel ausgedehnt. Bei der fortgeschrittenen Ausdehnung des Verkehrs, der verbesserten Technik der Verkehrsmittel und der sich standig hebenden Kultivierung aller zum europaischen Kontinent gehorigen Lander konnen etwaige Ausnahmen, die mit Rucksicht auf die mindere Verkehrssicherheit in einzelnen europaischen Landern ausnahmsweise erforderlich erscheinen mochten, in den besonderen Bedingungen Platz finden. Wassertransporte dagegen sind ausgeschlossen: die Seeversicherung bildet ihrer praktischen Ausbildung nach einen selbstandigen Zweig der Transportversicherung, der auch besonderen gesetzlichen Vorschriften unterliegt. Aber auch die Flußtransportversicherung ist ein Gebiet fur sich, insbesondere wegen des Wechselns der Pramien zu den verschiedenen Jahreszeiten und je nach der Beschaffenheit des zum Transport benutzten Fahrzeugs. Die Transportversicherungspolice soll sich daher nur insoweit auf den Wassertransport erstrecken, als die Überschreitung von Wasserlaufen oder Landseen z. B. auch auf Trajekten in Frage kommt.

Weggelassen ist im Texte des Vertrages die vielfach ubliche Klausel „fur Rechnung, wen es angeht". Sie kann nur zum Ausdruck bringen sollen, daß den Nutzen aus der Versicherung derjenige, den ein etwaiger Schaden materiell treffe, haben solle. Eine solche Klausel ist uberflussig, denn die ganze Fassung der allgemeinen Bedingungen laßt die Geltendmachung eines aus dem Versicherungsvertrage abgeleiteten Anspruchs, dem kein materielles Vermogensinteresse entsprache, als ausgeschlossen erscheinen, wie denn auch rechtsgrundsatzlich von dem Versicherungsnehmer Anspruche aus dem Versicherungsvertrage nur zum Zwecke der Ausgleichung eines entstandenen Vermogensschadens erhoben werden konnen; sie ist aber anderseits gefahrlich, weil sie zu der Annahme verleiten konnte, als sei regelmaßig nur der Eigentumer des versicherten Gutes anspruchsberechtigt, eine Annahme, welche durch die Fassung von § 1 der allgemeinen Bedingungen unzweideutig hat zuruckgewiesen werden sollen.

Zu § 1.

Gemaß den fruher hieruber aufgestellten Grundsatzen (vgl. Anlage zu Punkt VII der Tagesordnung der Generalversammlung von 1900) soll die Versicherung dem Versicherungsnehmer Schutz gegen alle zufalligen Vermogensschaden gewahren, welche ihn selbst oder seinen Kommittenten wahrend der Beforderung des versicherten Gutes treffen konnen. Die Formulierung des Umfanges der Haftung der Gesellschaft war im Jahre 1900 in engerem Anschlusse an die Fassung von § 1 der allgemeinen Bedingungen der Viktoria-Police vorgeschlagen, als es jetzt geschieht. Die kurzere und generellere Fassung des gegenwartigen Entwurfs hat den Vorzug großerer Klarheit und vermeidet leichter die Moglichkeit, Ausnahmen von der Haftung hineinzuinterpretieren. Der wunschenswerte Umfang der Haftung ist schon fruher skizziert worden; versichert sollen sein:

a) das Interesse des Versicherungsnehmers als Eigentumer des Gutes,
b) das Interesse des Versicherungsnehmers, zu dessen Gunsten Vorschusse oder Spesen auf dem Gute haften,
c) das Interesse des Versicherungsnehmers, gegen Anspruche des Versenders geschutzt zu sein;
d) das Interesse des Versenders oder Empfangers, der dem Versicherungsnehmer Auftrag zur Versicherung erteilt hat, sei es, weil er als Eigentumer des Gutes oder aus anderen Grunden an dessen Erhaltung vermogensrechtlich interessiert ist.

Fruher war auch beabsichtigt, das Interesse des Kommittenten, der keinen Versicherungsauftrag gegeben hat, einzuschließen. Allein eine solche Ausdehnung geht doch uber das wirtschaftlich gebotene Maß hinaus und wurde jedenfalls zu einer bedenklichen Erhohung der Pramie fur den Spediteur fuhren. Wer uberhaupt keine Versicherung will, hat auch keinen Anspruch auf Deckung gegen zufallige Schaden. Die tatsachlich vorhandene Schwierigkeit besteht auch weniger in der Ausschließung solcher Risiken, als in der zutreffenden Feststellung, ob ein Auftrag zur Versicherung vorliegt oder nicht. Besonders bei einer langer dauernden, standigen Geschaftsverbindung werden sich leicht im Verkehr zwischen Spediteur und Kommittenten gewisse Gepflogenheiten herausbilden, welche die nachtragliche Feststellung der tatsachlichen Auftragserteilung im einzelnen Falle erschweren und die Geltendmachung der Rechte aus dem Versicherungsvertrage im Schadenfalle vereiteln konnen. Um solchen Schwierigkeiten vorzubeugen, kommt es auf eine ganz prazise Formulierung dieses Punktes an. Als objektives außeres Kennzeichen, bei dessen Vorhandensein die Gesellschaft den Beweis des Auftrags als erbracht gelten lassen muß, wird die Berechnung einer Versicherungsgebuhr gegenuber dem Auftraggeber vorgeschlagen. Es darf davon ausgegangen werden, daß da, wo diese Gebuhr in Rechnung gestellt wird, die Versicherung des Gutes den Absichten des Spediteurs und seines Kommittenten entspricht; allerdings kann hierdurch nur eine Vermutung geschaffen werden, deren Beseitigung durch die Führung des Gegenbeweises zulässig sein muß. Es könnte sonst vorkommen, daß z. B. bei Pauschalpolicen, wenn das außerdem unterwegs befindliche Gut des Versicherungsnehmers das zulässige Maximum nicht erreicht, die unberechtigte Hereinziehung von Gütern in die Versicherung versucht wird.

Ein wichtiger Fall der Haftung des Sammelspediteurs ist die Versendung von Speditionsgut in Sammelladung, ohne daß diese Versendungsart mit dem Kommittenten vereinbart worden wäre. Bei den Einschränkungen, denen die Haftung der Eisenbahn in bezug auf Sammelgüter unterliegt, kann es leicht vorkommen, daß der Kommittent Ersatz vom Spediteur verlangt, weil die Eisenbahn mit Rücksicht auf die Vorschriften in § 77 der Verkehrsordnung die Ersatzleistung ablehnt. An sich gehört dieser Fall unter die Versicherung gegen Ansprüche der Transportinteressenten. Es empfiehlt sich jedoch, ihn besonders hervorzuheben, um dem Einwande der Gesellschaft vorzubeugen, der Spediteur habe durch die einseitige Bestimmung der Versendung in Sammelladung schuldhaft die Inanspruchnahme der Haftpflicht der Bahn ausgeschlossen

III. Zweifellos verwirft dieser Entwurf den Begriff des objektiven I und geht davon aus, daß *alle* in Betracht kommenden I einzeln vereinbart werden müssen. In diesem Bestreben vermeidet er sogar bewußt die althergebrachte Klausel· „für Rechnung wen es angeht", um jede Unklarheit auszuschalten

Im Vergleich mit den anderen noch zu besprechenden Formularen ist es dem Entwurf eigentümlich, daß *alle* I *unmittelbar* Gegenstand der V sind. Es liegt also ein Nebeneinander der V eigener Sekundär-I und fremder Primär-I vor.

Auffallend ist es, daß die Möglichkeit, die V dem *Primar-I'ten* auch dann nutzbar zu machen, wenn weder ein Auftrag, noch Geschäftsführung ohne Auftrag vorliegt, absichtlich — vorletzter Abschnitt der Begründung — ausgeschaltet wird, und zwar ausdrücklich wegen des Einflusses auf die Höhe der Prämie.

Sehr bezeichnend ist es schließlich, daß die Police, ebensowenig wie die anderen Formulare, nicht im entferntesten daran denkt, dem Kommittenten in den Fällen seines eigenen I einen direkten Anspruch gegen den Vr zu geben. Das ist ein Beweis dafür, daß die Vorstellung, die V fremder I sei nur gestattet als VffR mit unmittelbarem Zugriff des I'trägers auf die V'summe, diesem allerdings nicht von der Praxis aufgenommenen aber aus ihr hervorgegangenen Entwurf durchaus fern liegt.

§ 20.

Die Spediteurklausel.

I. Die Spediteurklausel ist eine Ergänzung zu den allgemeinen Bedingungen der Feuerversicherungsanstalten.[116] Sie hat den Zweck, diese den besonderen Bedürfnissen der Spediteure, die Kundengüter einlagern, anzupassen. Sie findet Anwendung sowohl bei der Einlagerung von Lagergutern wie bei der von eigentlichen Transportgutern, also Umschlaggutern. Es kann sich dabei um eigene Lagerraume des Spediteurs wie um von ihm gemietete handeln

Die Klausel ist auf Betreiben des Vereins deutscher Spediteure von den Gesellschaften einheitlich eingeführt worden. Man hatte ursprünglich daran gedacht, eigene allgemeine Bedingungen auszuarbeiten, hielt aber schließlich einen Zusatz zu den schon vorhandenen fur genugend.[117]

II. Die Klausel lautet wie folgt:

1. Eine Versicherung fur eigene oder fremde Rechnung deckt alle zur Zeit des Brandes eingelagerten Waren, ohne Rucksicht auf Eigentumsverhaltnis oder Eigentumswechsel — einschließlich verkaufter und abgelieferter Waren —, sofern bei Versicherungen fur fremde Rechnung der Versicherungsnehmer fur die Versicherung zu sorgen oder solche fursorglich im fremden Interesse bewirkt hat. Im Versicherungsfall gelten nur diejenigen Guter als unversichert, fur die nach den hier unter 1, 2 und 3 aufgefuhrten Bestimmungen eine Ersatzverpflichtung aus gegenwartigem Versicherungsschein nicht besteht oder welche nachweislich von der Versicherung ausgeschlossen sind. Der Versicherungsnehmer darf indessen bezuglich der fur fremde Rechnung versicherten Guter nur insoweit Ersatz aus diesem Versicherungsschein fordern, als er tatsachlich seinen Kommittenten solchen leistet zuzuglich seiner eigenen auf dem Gute haftenden Forderungen.

2. Eine Versicherung fur eigene und/oder fremde Rechnung deckt jedoch nicht solche Waren, welche der Versicherungsnehmer lediglich zu dem Zwecke auf seine Versicherung ubernimmt, um einen gelegentlich unbenutzten Betrag derselben auszunutzen

3. Falls durch diesen Versicherungsschein Guter eines Spediteurs oder Frachtfuhrers versichert sind, oder falls es sich um eine ambulante (flottierende) Versicherung handelt, gilt fur dieselbe folgende Klausel:

---

[116] Sie kann aber auch fur Einbruch- und Wasserschaden-V benutzt werden.

[117] Sped.- und Schiff.-Ztg. 1911 Nr. 18.

Diese Versicherung verpflichtet in einem Versicherungsfalle nur dann zu einem Ersatz, wenn nicht

1. die Eisenbahnverwaltung auf Grund ihrer Haftpflicht,
2. Transportversicherer auf Grund bestehender See-, Fluß- und Landtransportversicherungen,
3. etwa bestehende „spezielle“ Feuerversicherungen

dafur verantwortlich gemacht werden konnen, ev. nur insoweit, als die von diesen zu leistenden Entschadigungen zur Deckung desjenigen Verlustes nicht ausreichen, welcher dem Versicherungsnehmer fur eigene Rechnung entstanden oder fur welchen er Dritten gegenuber haftpflichtig ist.

4. Unter „speziellen“ Versicherungen sind solche verstanden, welche auf bestimmte Partien Waren lauten, die durch Marke, Nummer oder sonstige Abzeichen oder durch Benennung des Eigentumers identifiziert sind; ferner alle von den Eigentumern der Ware selbst oder in ihrem Auftrage von Dritten genommenen Versicherungen.

5. Falls ambulante (flottierende) Versicherungen in Betracht kommen, geht bezuglich des Schadenersatzes außer den obigen uberhaupt jede nicht ambulante Versicherung voran.

6. Falls die sub 1, 2 und 3 genannten Ersatzpflichtigen eine Ersatzeistung verweigern sollten, wird dem Versicherungsnehmer, soweit sein dahingehendes Verlangen durch die Allgemeinen Versicherungsbedingungen uberall begrundet ist, von den an diesem Versicherungsschein beteiligten Gesellschaften die festgestellte Schadensumme ausgezahlt, jedoch nur unter der ausdrucklichen Bedingung, daß der Versicherungsnehmer — und soweit seine Kommittenten in Frage kommen, auch diese — vorher ihre Rechte gegen Dritte auf die an diesem Versicherungsschein beteiligten Gesellschaften ubertragen und sich schriftlich verpflichten, auf Anfordern der letzteren im eigenen Namen den Dritten wegen Schadenersatzes in Anspruch zu nehmen, wenn erforderlich auch im Wege des Prozesses, fur Rechnung und nach Anleitung der Versicherer.

7. Wenn die Zession der Kommittenten des Versicherungsnehmers nicht beizubringen ist, ermaßigt sich die vorlaufig zu leistende Schadenvergutung entsprechend.

8. Wenn jedoch in letzterem Falle auf der vernichteten oder beschadigten Ware Forderungen zugunsten des Versicherungsnehmers haften, so sind die an diesem Versicherungsschein beteiligten Gesellschaften verpflichtet, dem Versicherungsnehmer den Betrag dieser Forderungen bis zur Hohe derjenigen Entschadigung, welche sie fur den an genannter Ware entstandenen Schaden zu leisten hatten, wenn dieselbe nicht anderweitig versichert ware, zu ersetzen, wogegen die Rechte aus diesen Forderungen bis zur Hohe des ersetzten Betrages mittels rechtsgultig zu erfolgender Zession auf die an diesem Versicherungsschein beteiligten Gesellschaften ubergehen.

9. Anderweitige Feuerversicherungen prajudizieren nicht. Im Ver-

sicherungsfalle ist jedoch seitens des Versicherungsnehmers sein gesamter von ihm für eigene und/oder fremde Rechnung in den durch diesen Versicherungsschein gedeckten Lokalitäten versicherter Lagerbestand sowie auch jede darauf bezügliche anderweite Versicherung und Haftpflicht, soweit ihm solche bekannt sind, anzugeben. Dagegen sind Versicherungen auf entgangenen oder imaginären Gewinn oder auf Verlust durch Betriebsstörungen oder Betriebsstillstand beim Abschluß dieser Versicherungen anzuzeigen

III. Die beiden ersten Absätze, weiter der dritte bis siebente und schließlich der achte gehören zusammen.

Die beiden ersten Absätze lassen erkennen, daß lediglich das Eigentümer-I den unmittelbaren Gegenstand der V bildet. Das geht einmal daraus hervor, daß durch die Worte „ohne Rücksicht auf Eigentumverhältnis und Eigentumwechsel" die als Normalfall unterstellte Voraussetzung, daß die Waren Eigentum des Vn sind, ausgeschlossen wird; weiter ergibt sich dieser Standpunkt deutlich daraus, daß das Vorkommen fremden I berücksichtigt wird. Das wäre überflüssig gewesen, wenn man ein „objektives I" hätte zugrunde legen wollen. Ist das I ein fremdes, so valediert die V nur dann, wenn entweder ein Auftrag vorliegt oder beim Mangel eines solchen der Vn fürsorglich im fremden I abgeschlossen hat, wobei das Vorliegen dieser Voraussetzungen vermutet wird. Eine solche Abhängigkeit der Gültigkeit der V von Voraussetzungen in der *Person* des I'trägers ist aber unvereinbar mit der Annahme eines objektiven I, denn dieses soll ja die V schon halten, wenn ein I in der Sache überhaupt möglich ist.

Der letzte Satz des Absatz 1 berücksichtigt im Falle der Versicherung fremden Interesses das *konkurrierende Pfandrecht* des Vn; dabei wird — praktisch im Erfolg richtig, begrifflich ungenau — angenommen, daß nach dem V'fall der Kunde nur Anspruch auf den pfandfreien Wert der Sache hat. Das ist eine konstruktive Schiefheit Gewollt ist offenbar, daß der Spediteur immer den vollen Wert fordern darf und bei der Auskehrung an den Kunden seine dinglichen Rechte durch Abzug decken kann. Auf keinen Fall ist aus der Fassung zu folgern, das Pfandrecht-I des Spediteurs sei neben dem fremden Eigentums-I *unmittelbarer* Gegenstand der V.

Es scheint nun, daß die für den Spediteur unerläßliche Füglichkeit, das fremde I *ohne* die obengedachten Voraussetzungen zu decken und dadurch mittelbar die *eigenen sekundären*, ausgeschlossen ist Das *Pfandrecht-I* ist aber, wie noch zu besprechen sein wird, anderweit geschützt. Aber auch das Haftpflicht-I bleibt nicht ohne Deckung, und zwar liegt sie in der Fassung des zweiten Satzes. Hat dieser Satz: „im Versicherungsfalle gelten . . .“ die Bedeutung, daß darin eine *unwiderlegbare Vermutung* fur die Wirksamkeit der V liegt, so ware *tatsachlich* der Spediteur immer in der Lage, durch bloßes untätiges Verhalten, durch Unterlassen der Anzeige, wodurch allein die betreffende Ware „nachweislich ausgeschlossen“ werden kann, sich die Fruchte der V zuzufuhren, ohne Rucksicht auf den Willen des Kunden. Der Vr mußte also immer schon dann zahlen, wenn der Kunde den Spediteur in Anspruch nahme, auf Grund seiner Haftpflicht, gleichgultig ob er Auftrag zur V erteilt hatte oder nicht. Damit ware aber das Haftpflicht-I des Spediteurs *ohne Mitwirkung* des Kunden *in jedem Falle mittelbar gedeckt!* Erblickt man darin eine *bloße Beweisvermutung*, so stande dem Vr der Beweis offen, daß diese Voraussetzungen tatsachlich nicht vorliegen. Der Wortlaut spricht aber fur die schärfere Auslegung

Sehr bezeichnend ist es, daß nur der Spediteur als Kontrahent und als Anspruchsberechtigter auftreten kann, niemals der Kunde selbst. Es ist nur vom Vn die Rede.[118] Dadurch ist die Vorschrift des § 80 Abs. 2 des Vvg gerade fur die wichtigsten Falle der V fur Rechnung wen es angeht von vornherein ausgeschaltet. Diesem Gedankengang muß es entsprechen, daß die prajudizierenden Handlungen der Kunden, ebenfalls entgegen § 79 des Vvg, den Anspruch des Vn nicht vereiteln konnen. Das hat, wie früher erortert, vor allen Dingen fur das Pfandrecht-I Bedeutung. Allerdings vermeidet die Klausel, auf diese wichtige Frage einzugehen; warum, ist nicht ersichtlich. Der Kunde, also der Vt im Sinne der §§ 74 f., wird „Kommittent“ genannt.

IV. Die Absätze 3—7 und 9 konnen fur unsere Betrachtung ausscheiden, sie beschäftigen sich vor allem mit dem Einwirken anderweiter V.

[118] Eine frühere Fassung der Spediteurklausel spricht statt vom Vn vom Vt und meint damit ebenfalls nur den Spediteur.

V. Eine wichtige Erweiterung bringt Absatz 8. Die vorgehenden Bestimmungen in Absatz 3—7 lassen die Verpflichtung des Vr dann nicht eintreten, wenn eine andere V des Kommittenten als spezielle vorgeht und wenn die Abtretung der Rechte gegen diese von ihm nicht zu erlangen ist. Zum Schutze des sekundären Pfandrecht-I des Spediteurs aber wird die von ihm genommene KV auch in diesem Falle dann als vollwirksam behandelt, wenn auf der Ware Forderungen zu seinen Gunsten haften!

Der Absatz 8 bedeutet nichts Geringeres als die Anerkennung des Bedürfnisses und der Füglichkeit, durch die V des Primär-I das sekundäre Pfandrecht-I mittelbar zu schützen. Es ist keine Rede davon, daß etwa dieses Pfandrecht-I selbst Gegenstand der V ist. Vielmehr wird es so gehalten, als ob tatsächlich auch in diesem Falle das Eigentümer-I des Kunden wirksam, d. h. mit der Eigenschaft, die Leistungspflicht des Vr, auszulösen, versichert wäre, und der Spediteur, dem die verlorene Sache dinglich haftete, kassiert nicht die V'summe für sein eigenes I ein, sondern die für das ihm fremde Eigentümer-I des Kunden, aber nur bis zum Werte seines eigenen Sekundär-I. Es liegt also eine Fiktion vor, es wird fingiert, daß die Leistungspflicht des Vr in Ansehung des Primär-I bestehe, während sie tatsächlich ausnahmsweise ausfällt. Das Primär-I selbst wird natürlich nicht fingiert. Nur um des Sekundär-I willen wird die Fiktion aufgestellt; fehlt dieses, so entfällt auch die fingierte Leistungspflicht. Somit kassiert der Vn die V'summe eines fremden I, das allein den Gegenstand der V bildet. Allein dieses I äußert keine Wirkung in der Richtung des wahren Trägers, des Kunden, es dient nur dem Zweck, die Leistung als solche auszulösen, die dann vermöge der Konstruktion des Vertrages dem Sekundär-I so weit zufließt, als sein eigenes I Deckung verlangt. Es liegt also hier die V eines fremden I für eigene Rechnung und im eigenen Namen vor.

In dieser Bildung, die in offenbarem Widerspruch mit dem Satze steht, daß die Leistung des Vr keinem anderen als dem Träger des I zugute kommen darf, liegt u. E. der Schlüssel des

Problems der KV. Es bedarf nur eines weiteren Schrittes, um zu der Erkenntnis zu gelangen, daß es zulassig ist, dem fremdem I schon von Anfang an die Rolle eines bloßen Konstruktionsbestandteiles zu geben und in dieser Form eigene sekundare I mittelbar des Schutzes der V teilhaftig zu machen.

VI. Wie weit geht der Schutz, den die koinzidierenden Haftpflicht-I finden? Unter III ist bereits dargelegt worden, daß es der Spediteur tatsachlich in der Hand hat, in gewissen Grenzen ohne Mitwirkung des Kunden seine KV auszunutzen Wie aber, wenn die V nach Absatz 1, Satz 2, Absatz 3—7 zweifellos nicht valediert? Dann ist der Spediteur den Regreßanspruchen der Vr des Kunden ausgesetzt, ohne sich selbst decken zu konnen. Die Klausel schutzt ihn in diesen Fällen zweifellos nicht. Es liegt also anders als bei den konkurrierenden I. Allein dazu lag aus einem anderen Grunde kein Bedürfnis vor. Wie schon fruher erortert, schutzt sich der Spediteur dagegen selbst, indem er solche Regreßanspruche durch den Speditionsvertrag ausschließt. Diese Vereinbarung enthalten z. B. die allgemeinen Beforderungsbedingungen des Vereins deutscher Spediteure in Ziff. 9 Abs. 2, Ziff. 17 der Hamburger Speditionsbedingungen, § 10 Abs. 1 der Allgemeinen Lagerbedingungen des Vereins deutscher Spediteure Überdies pflegt der Grad der Haftung von vornherein beschränkt zu werden, wie ebenfalls schon besprochen ist.

Daß dieser Ausweg falsch ist und den Kunden in eine uble Lage bringt, daß diese Losung der wahren I'lage nicht gerecht wird, ist eingehend dargelegt worden Nichtsdestoweniger erklärt sich daraus die Lücke der Spediteurklausel, als welche sich der mangelhafte Schutz des Haftpflicht-I darstellt.

VII. Somit enthalt die Spediteurpolice die Anerkennung des Gedankens, daß nur das Eigentumer-I den Gegenstand der V bildet. Deutlich tritt das in Ansehung des Pfandrechts-I hervor Aber auch aus dem Fehlen jeder Erwähnung der Haftpflicht ist zu entnehmen, daß nicht daran gedacht worden ist, das Haftpflicht-I zum Gegenstande der V zu machen. Wäre das der Fall, so mußten die Worte „sofern bei VffR . . .“ fehlen. Denn das Haftpflicht-I besteht ohne Rücksicht auf den V'auftrag. Ein systematischer Fehler ist es, daß sie dem Haftpflicht-I einen von der Mitwirkung der Kunden V unabhängigen Schutz versagt. Zugleich ist das aber ein deutlicher Beweis, wie eng sich die Spediteurklausel den augenblicklichen Bedurfnissen anpaßt.

§ 21.

Die Spediteurhaftpflichtversicherung.

I. Die Spediteurhaftpflicht-V ist eine Haftpflicht-V, die durch Erweiterungen den wirtschaftlichen Effekt einer Transport-V erreicht, und zwar in einer Weise, die zurzeit wohl die beste Lösung des Problems darstellt. Sowohl das Primär-I Kunden, als auch die sekundären I des Spediteurs finden Deckung. Auch geschieht die Deckung der Sekundär-I vollig unabhängig vom Primar-I Das wird dadurch erreicht, daß zum Gegenstande der V nicht das Primar-I, sondern eben das Haftpflicht-I und Pfandrecht-I des Spediteurs gemacht werden.

Solche Policen sind von mehreren Transport-V'gesellschaften eingefuhrt worden, und sie erfreuen sich großer Beliebtheit bei den Spediteuren. Insbesondere gilt das von der von der Viktoria im Jahre 1903 herausgegebenen „Abonnementspolice fur die Transport-V von Eisenbahngutern, Ausgabe fur deutsche Spediteure". Nach einer authentischen Mitteilung kommt sie aber, da sie ein sehr großes Maß von Vertrauen und auch eine gewisse Großzügigkeit der Auffassung voraussetzt, verhaltnismäßig selten vor; sie eignet sich vor allem fur große Betriebe. Bemerkt sei ferner, daß sie nur eine jahrliche Pauschalprämie kennt, wenigstens soweit der eigentliche Landtransport in Betracht kommt, und fur dasselbe Gebiet davon absieht, die Aufgabe der einzelnen Risiken oder auch nur deren Eintragung in ein besonderes Buch zu fordern.

II. Die Grundzuge der sehr umfangreichen Police seien im folgenden kurz dargestellt:

1. Den konstruktiven Kern bildet die Haftpflicht-V. Es heißt an der betreffenden Stelle:

§ 1. . . . . . . haftet dem Vn fur Verlust, Minderung und Beschadigung seiner Guter in dem Umfange, in welchem er in seiner Eigenschaft als Spediteur oder Frachtfuhrer dafur haftbar ist, jedoch nicht uber die gesetzlichen Grenzen hinaus."

Es ist sofort klar, daß die Frage, ob der Spediteur Auftrag hatte zur V, für die Deckung dieses I gar nicht auftaucht. Weiter erhellt, daß diese V über die Haftung für reine Transportunfälle hinausgeht.

2. Den weiteren, um diesen konstruktiven Kern gruppierten Inhalt der Police bildet die Deckung des Primar-I des Kunden in gewissen Fällen. Es heißt:

§ 2. „Bei Eisenbahnreisen, fur welche der V'nehmer rechtzeitig V'auftrag erhalten bzw. eine besondere V'gebuhr verrechnet hat, haftet die Viktoria im Interesse des Dritten außer in den Fallen des § 1 auch fur diejenigen Schaden, fur welche die Eisenbahn haftpflichtig ist, sowie daruber hinaus:

a) fur hohere Gewalt exkl. Krieg usw.;
b) fur die mit der Selbstverladung sowie mit der Beforderung von Gutern in Sammelladung verbundenen Gefahren;
c) fur die mit der Verwendung offener Wagen verbundenen Gefahren, sofern . . .,
d) fur die mit der mangelhaften Verpackung verbundenen Gefahren, sofern . . .,
e) fur die Aufenthalte im Zollgewahrsam.

3. Schließlich bildet auch die Deckung des Konkurrenz-I des Spediteurs den Inhalt der Police. Es heißt weiter:

§ 3. „Die Ruckerstattung der auf den einzelnen Sendungen lastenden Kosten und Auslagen des V'nehmers garantiert der Vr diesem auch in denjenigen sie treffenden Schadensfallen, wo die Voraussetzungen des § 1 und § 2 nicht zutreffen."

III. Es sind im weiteren Wortlaut der Police die Deckung des Haftpflicht-I und des Primär-I ziemlich eingehend ausgebaut, doch konnen die Einzelheiten unerwahnt bleiben. Auch die des Pfand-RI ist, zwar nicht in dem Druckformular, wohl aber in einem uns vorliegenden Nachtrage, noch besonders erweitert worden, und zwar dadurch, daß Aufenthalte von längerer Dauer, soweit die Vn Dritten gegenüber haftpflichtig sind, oder wenn es sich um ihr eigenes I handelt, gegen gewisse Hauptgefahren auf noch langere Dauer versichert werden.

IV. Die Vorzuge dieser Police kommen vor allem dem Spediteur zugute. Seine sekundaren I sind vollkommen unabhängig vom Primär-I und vom Willen und Wissen des Kunden voll gedeckt. Darin liegt ein großer Fortschritt. Präjudizierende Handlungen des Kunden sollen den Spediteur nicht beruhren.

Ein Nachteil der Police ist es, daß rechtlich keine Möglichkeit besteht, dem *Kunden* die Vorteile der über seine Güter geschlossenen V auch *ohne* und *gegen den Willen des Spediteurs* nutzbar zu machen. Rechtlich kann der Spediteur zweifellos nicht gezwungen werden, die von der Police fur die Erweiterung auf das Primar-I vorgesehenen Bedingungen zu setzen, d. h. einen V'auftrag anzunehmen oder eine Gebuhr zu berechnen. Gewiß wird ein solches Verhalten in der Wirklichkeit kaum vorkommen. Aber es bleibt ein konstruktiver Mangel der Police, daß der Kunde rechtlich auf den guten Willen des Spediteurs angewiesen ist Das widerspricht dem wirtschaftlichen Bedürfnis, die KV unter allen Umständen auch dem Kunden nutzbar zu machen. *Denn die KV soll den I'komplex im ganzen schützen, nicht einzelne fur sich.*

V. Schwerere als nur konstruktive Bedenken erweckt folgende Erwägung: Die Police ist tatsächlich weder eine Haftpflicht-V noch eine Transport-V, noch auch eine Kredit-V, sondern eine sehr praktische und ubersichtliche Verbindung dieser drei V'arten. Hieraus konnen Schwierigkeiten entstehen, wenn es sich darum handelt, ob allgemeine Vorschriften oder auch die zwingenden Normen eines bestimmten V'zweiges anzuwenden sind. Die Haftpflicht-V unterliegt zum Teil zwingenden Regeln, die anderen nicht. Sollen für die Police, die doch vor allem eine Transport-V-police sein soll, z. B. soweit die Haftpflicht in Betracht kommt, §§ 156, 157 Vvg gelten?

VI. Auch im Hinblick auf das *Aufsichtsgesetz* ergeben sich Bedenken. Die Haftpflicht-V ist aufsichtpflichtig Tatsachlich besteht aber kein Bedürfnis zur Beaufsichtigung solcher Haftpflicht-V, wo die Parteien erfahrene Kaufleute sind. Das Reichsgericht hat in einem Falle[119] eine gewöhnliche Transport-V, der die Klausel angefugt worden war, daß sie nur die Haftpflicht des Spediteurs decken solle, fur eine reine Haftpflicht-V erklärt. Gewiß ist die Haftpflichtdeckung der Spediteurpolice nur ein Teil ihres Inhalts; aber immerhin bildet gerade dieser Teil den konstruktiven Kern.

VII. Im ganzen genommen also stellt sich die Spediteurpolice als eine Transportpolice dar, mit ganz ausgepragtem Schutze der

---

[119] RGZ. 59, 158.

Sekundar-I. So kommt es, daß sie zwar alle Anforderungen erfullt, die der Spediteur an die V stellen darf, den Bedürfnissen des Kunden aber nicht voll gerecht wird. Ausdrucklich aber sei hervorgehoben, daß dieser Mangel in Wahrheit unbedenklich ist, und zwar deshalb, weil in der Praxis niemals der Spediteur die Übernahme der V ablehnen wird. So erfullt denn diese Police tatsachlich, soweit es sich um das Privatrecht handelt, die aufgestellten Forderungen vollkommen. Ein Nachteil ist und bleibt aber jedenfalls die Vermengung der drei V'zweige in einer Police.

Das Ziel, dem die Verfasser der Police zustreben, ist richtig und im Enderfolg auch erreicht. Aber der Weg dahin ist unrichtig. Es widerspricht dem Wesen der Sache, das sekundäre Haftpflicht-I zum Gegenstande einer Transport-V zu machen; das stimmt nicht überein mit der I'lagerung, wie sie die wirtschaftliche Gruppe der Beziehungen aufweist. Im Mittelpunkt muß vielmehr das Eigentümer-I stehen; dieses muß Gegenstand der V sein, die Sekundär-I bedürfen keines unmittelbaren Schutzes, sie konnen bei Gelegenheit der V gedeckt werden. Ebenso wie bei dem zugrunde liegenden wirtschaftlichen Komplex die Sache selbst mit all ihren rechtlichen Beziehungen zu Personen den Kern bildet, ebenso muß das reguläre I an der Sache als solcher den Kern der V bilden.

DRITTES BUCH.

Die Grundzüge der rechtlichen Gestaltung der Kundenversicherung und ihr Ausbau im einzelnen.

I. ABSCHNITT.

Die Grundzüge der rechtlichen Gestaltung.

§ 22.

a) Die Ziele der rechtlichen Gestaltung.

I. Die Ausgestaltung einer für die geschilderten wirtschaftlichen Bedürfnisse geeigneten V steht im Zeichen der *Vertragskonstruktion*; dahin muß sich die Untersuchung bewegen. Zu verbannen ist die Vorstellung, ein den besonderen Verhältnissen gemäßer *Grundbegriff* bringe die Lösung. Wir haben uns schon früher in Gegensatz zu den Verfechtern des „*objektiven I*“, aber auch zu denen gestellt, die den an sich unentbehrlichen Begriff des *irregularen Eigentum-I* überspannen. In der einleitenden Betrachtung über das I glauben wir nachgewiesen zu haben, daß das objektive I als Begriff unhaltbar, das irregulare Eigentum-I nur in engen Grenzen anzuerkennen ist; im zweiten Abschnitt des zweiten Buches haben wir sodann gezeigt, daß die kaufmännische *Praxis* unsere Auffassung bestätigt. Nunmehr haben wir Gelegenheit, die früher aufgestellte Behauptung nachzuweisen, daß diese von sehr gewichtigen Schriftstellern vertretenen Begriffe nicht nur in sich haltlos, sondern *auch entbehrlich* sind, und zwar deshalb, weil die aus dem wirtschaftlichen entwickelten *einfachen* Begriffe des *primären* und des *sekundären* I, sowie die Verwertung der *Machtstellung* des *Verkehrsunternehmers*, seine Rolle als dominus periculi, gestatten, schon durch eine einfache und einheitliche *Vertragskonstruktion* die Aufgabe zu lösen.

Diese Ausgestaltung des V'*vertrages* ist, wie schon in der

Einleitung gesagt, beim Fehlen zwingender gesetzlicher Regeln durchaus frei. Nur die anerkannten Grundsatze des Rechtes, insbesondere des VR bilden die Schranke. Ein solcher ist vor allem die Forderung, daß die V nicht zu einem Gewinne fuhren darf. Daraus leitet man auch heute noch vielfach die Behauptung ab, die V fremden I sei grundsatzlich nichtig, wenn nicht der Träger dieses I in irgend einer Weise in *direkte* Beziehung zum Vr trete Diese Behauptung ist in dieser Allgemeinheit falsch; die dafur genannten Grunde sind gelegentlich, insbesondere bei der Besprechung der Literatur niedergelegt worden, die schlagendste Ablehnung finden sie aber in der Praxis der KV. Wenigstens soweit es sich um die besprochenen Verhaltnisse handelt, bedarf der an sich berechtigte Grundsatz nicht *dieser* Gewahr seiner Wirksamkeit. Die *Wett-V* und die betrugerische *Doppel-V* mussen natürlich auch auf diesem Gebiete ferngehalten werden; aber auch dafur genugt eine zweckmaßige Vertragsgestaltung, nämlich eine im einzelnen noch zu erorternde Anzeigepflicht. So wird es moglich, die Ausgestaltung der KV zu entlasten von der sehr storenden und primitiven Voraussetzung, daß nur dem I'träger selbst der Anspruch gegen den Vr zustehen darf.

II. Wenn wir uns die wirtschaftlichen Bedurfnisse nochmals vor Augen halten, so konnen wir uns dahin zusammenfassen:

Zunachst besteht ein *allgemeines*, d. h. von allen Beteiligten empfundenes Bedurfnis, *Billigkeit* und *Einfachheit* der V. Dieses wird um so mehr befriedigt, je mehr der Vr sich das Gesetz der großen Zahl zunutze machen kann. Diesen Zweck erfullt am besten die General-V, denn hier liegt in einer Hand zusammengefaßt eine große Menge einzelner Risiken gleichen Schicksals vor, hier ist eine lange Dauer des V'verhaltnisses möglich, die allein gestattet, das Gesamtrisiko immer genauer kennen zu lernen. Diese Einfachheit und Billigkeit sind aber vor allem dann gewahrleistet, wenn die ganze, der Pramienkalkulation vorausgehende Arbeit auch *dort* nur einmal geleistet zu werden braucht, wo mehrere verschiedene I verschiedener Beteiligter unter versicherungsmaßige Deckung gebracht werden, sei es, daß das gleichzeitig oder daß es nacheinander erfolgt. Gerade bei den hierher gehorenden Fallen wird das notig: denn immer sehen wir eine *typische Gruppe* schutzwürdiger I verschiedener Art.

Es bedarf keiner naheren Ausführung, daß Einfachheit und Billigkeit der V im I auch des Vr liegen. Seine Konkurrenzfahigkeit hängt davon ab, wie er seine Prämiensatze kalkulieren kann. So spitzt sich denn unsere Aufgabe dahin zu, wie diese V'form auszubauen ist, um den besonderen Bedürfnissen der Beteiligten zu entsprechen.

III. Diese *besonderen* Bedurfnisse des Spediteurs, des Lagerhalters und seines Kunden, die dem schon hervorgehobenen allgemeinen gegenuberstehen, sind das eigentlich Wesentliche.

1. Der *Sekundar-I'nt* will sein Sekundar-I, dessen Schutz — wie im ersten Buch eingehend begrundet — eine starke wirtschaftliche Notwendigkeit ist, auf jeden Fall, *auch ohne den Willen des Primär-I'nten* unter versicherungsmäßigen Schutz bringen und es unabhängig von dem Verhalten des Primär-I'nten stellen

Daraus ergibt sich:

a) Der *Sekundar-I'nt* muß *Vertraggegner* des Vr sein und er muß die General-V so *schließen* können, daß sein I auf jeden Fall gedeckt ist; dadurch erhalt er Sicherheit ohne Rucksicht auf das Verhalten des Primär-I'nten in bezug auf den *Abschluß* der V.

b) Der *Primar-I'nt* darf *auch im Verlaufe* der Dinge die Sicherheit des Sekundär-I'nten nicht erschüttern. *Präjudizierliche Handlungen des Primär-I'nten durfen den Sekundär-I'nten nicht beruhren.*

c) Die V'summe muß durch die Hand des Sekundar-I'nten gehen, um ihm die Deckung seiner Ansprüche auf die einfachste Art zu ermoglichen. Im V'falle erhält der Sekundär-I'nt deshalb den unmittelbaren Zugriff auf die V'summe *aus eigenem* Recht; *ihm* hat der Vr zu leisten. Er muß also schließlich auch in bezug auf die *Vertragserfullung durch den Vr* vom Sekundär-I unabhängig sein.

2. Der *Primar-I'nt* muß wählen können, ob er sich die V zunutze machen will oder nicht, sofern der Sekundar-I'nt den Abschluß des *Verkehrs*geschäftes nicht von vornherein davon abhängig gemacht hat.[120] Steht ihm diese Wahl aber frei, so muß

[120] Dazu dienen vor allem die erwahnten Formulare.

er auch die Fuglichkeit haben, einseitig, d. h. ohne Rücksicht auf den Willen des Sekundar-I'nten, sich die Vorteile, den wirtschaftlichen Erfolg der V zunutze zu machen, denn die V dient dem Schutze des ganzen I'komplexes, nicht nur dem eines Beteiligten. Dazu muß also seine einseitige Erklärung genügen. Weil er aber aus freier Wahl eine schon vorhandene V benutzt, so kann er andererseits auch nicht verlangen, daß die Deckung seines I vom Verhalten des Sekundär-I nicht beeinflußt wird. Es bleibt ihm ja immer die Moglichkeit, selbst V zu nehmen. Nimmt er aber die General-V in Anspruch, so muß er auch damit rechnen, daß die präjudizierlichen Handlungen des Sekundar-I auch gegen ihn wirken.[121]

Ebensowenig besteht fur ihn das Bedurfnis, unter Ausschaltung der Person des Sekundar-I'nten zum Vr in Beziehung zu treten, solange der Sekundär-I'nt in guter Vermögenslage ist. Nur im Konkursfalle besteht das Bedürfnis nach besonderem Schutz. Denn die Glaubiger des Sekundär-I'nten durfen aus des Primär-I'nten Schaden keinen Vorteil ziehen. Selbstverstandlich wirkt jede prajudizierliche Handlung des Primär-I gegen ihn selbst. Es besteht nicht das geringste Bedürfnis dafür, ihn günstiger zu stellen, als wenn er selbst V genommen hätte. Hieraus ergibt sich:

a) Der Sekundär-I'nt darf den Beitritt des Primär-I'nten nicht hindern können,
b) Präjudizierliche Handlungen des Sekundar-I'nten machen die versicherungsmäßige Deckung auch des Primär-I'nten zunichte.
c) Der Primar-I'nt geht den Glaubigern des Sekundär-I'nten vor.

IV. Mit den vorstehenden Grundzugen vertragen sich schließlich auch die Bedürfnisse des Vr. Sein Bestreben muß bei der KV darauf gerichtet sein, bei der Prämienkalkulation von der in der Person, im Betriebe des Sekundär-I'nten, seines Vertragsgegners, liegenden voraussichtlichen Möglichkeit der Herbeifuhrung des V'falles auszugehen, diese ausschalten

[121] A. M.: Schneider S. 259 oben S. 260.

zu können, soweit vorsätzliche oder grobfahrlässige Handlungen vorliegen, den dominus periculi zum dominus contractus zu machen. Diesem Bestreben dient die Regel, daß jede präjudizierende Handlung des Sekundär-I, seines Vertragsgegners, jedem V'anspruch präjudiziert. Dagegen besteht kein Bedürfnis dafür, daß auch der Primär-I'nt mit dieser Wirkung präjudiziert. Einmal sind diese Fälle, wie gegenüber der weitverbreiteten Meinung hervorgehoben werden muß, selten, und dann liegt es in der Natur der Sache, daß wenigstens das Haftpflicht-I des Sekundär-I'nten in einem solchen Falle nicht ausgelöst wird. Somit ist der Vr in der Lage, bei der Prämienkalkulation solche Fälle außer acht zu lassen und nur vom Sekundär-I auszugehen.

Sodann kann es dem Vr an sich gleichgültig sein, ob der Primär-I'nt wirklich den Schutz seines I beansprucht. Denn der Sekundär-I'nt muß ihm in jedem Falle die volle Prämie zahlen.

Wo aber die Ausnutzung der Police durch den Sekundär-I ohne Auskehrung der V'summe an den Primär-I möglich ist, da muß im öffentlichen Interesse eine so bald als möglich erfolgende Anzeige des Sekundär-I an den Vr die unzulässige Bereicherung des Sekundär-I verhindern.

§ 23.

Der Inhalt des Kundenversicherungsvertrages. Hauptvertrag und Nebenvertrag.

I. Ein wesentliches Ergebnis unserer bisherigen Untersuchung war die Erkenntnis, daß, soweit es sich um die KV handelt, die Gefahr der Wett-V um der besonderen wirtschaftlichen Verhältnisse willen nicht in Betracht kommt; damit entfällt aber die Notwendigkeit, aus dem unbestrittenen Satze, daß die V nur dem wahren I'nt zugute kommen darf, zu folgern, daß aus diesem Grunde andere Personen als der I'träger, insbesondere also auch der Spediteur und Lagerhalter in ihrer Eigenschaft als Vn, als Inhaber des Anspruchs gegen den Vr ausgeschaltet sein müssen. Aber selbst die theoretische Möglichkeit einer Benachteiligung des Vrs um schnöden Gewinnes willen wird dann ausgeschaltet, wenn man die Liquidierung des Ersatzanspruches von einigen einfachen Voraussetzungen abhängig macht. Aus diesen beiden Gründen ist es also gestattet, den Anspruch auf die Ersatzsumme einem anderen als dem I'nten zu geben. Daruber hinaus steht um des eigenen I des Sekundär-I'nt willen das positive Bedurfnis fest, ihn, also den Spediteur, Lagerhalter usw. zum Herren des V'vertrages zu machen, in seine Hand allein die rechtliche Beziehung zum Vr zu legen, ihm allein den Anspruch im V'falle zu geben. Diese Erkenntnis ist es, welche eine von der Norm des Vertragsgesetzes und den Konstruktionen der Schriftsteller abweichende Regelung des Vertragsinhaltes rechtfertigt In der jahrelangen Übung der Praxis finden wir das Bedurfnis nach besonderer Gestaltung immer wieder bestatigt.

Somit ergibt sich fur den rechtlichen Aufbau der V die Notwendigkeit und die Moglichkeit, von einer unmittelbaren Beziehung des Primar-I zum Vr abzusehen und alle Beziehungen zwischen den drei Beteiligten in solche des Sekundar-I zum Vr und in solche des Primar-I zum Sekundar-I zu fassen.

Es liegt deshalb weder eine VffR im strengen Sinne vor, noch sonst ein Vertrag zugunsten eines Dritten, vielmehr gilt folgendes:

II. Zwischen dem Vr und dem Sekundar-I'nten besteht das Versicherungvertragverhältnis, wird der versicherungsrechtliche Hauptvertrag geschlossen; zwischen dem Sekundar-I'nten und dem Primar-I'nten walten außerhalb des V'rechts stehende Beziehungen. Diese wiederum sind nichts Selbstandiges, sondern stellen den auf die V bezughabenden Bestandteil eines Speditions- oder Lagervertrages dar, oder eines anderen Verkehrsvertrages, der in seiner Gesamtheit der zugrunde liegenden wirtschaftlichen Operation dient.

III. (Das Hauptvertragsverhaltnis.) Der Hauptvertrag ist immer der den V'rechtsgeschaften angehorende General-V'-vertrag, mag er im einzelnen auch sehr verschieden ausgestaltet sein. Die Unterschiede zwischen Pauschalpolice, Police mit Anzeigepflicht usw. interessieren in diesem Zusammenhange nicht. Zweck des Hauptvertrages ist der Schutz beider I, sowohl des primären als auch der sekundaren. Dabei werden das primäre direkt als Gegenstand des Vertrages, die sekundären nur mittelbar, vermoge der V des primaren, gedeckt.

Dieser Zweck, nämlich der Schutz des ganzen auf einer typischen wirtschaftlichen Operation beruhenden I-komplexes, wird dadurch erreicht, daß das Primär-I ohne Rücksicht auf Willen und Wissen des Primär-I'nten zum Gegenstande der V gemacht wird, und zwar zum alleinigen Gegenstande. Schon das bloße Bestehen des Primär-I genügt für sich allein, um dem Hauptvertrage die erforderliche Bestimmtheit zu geben; ob es im Einzelfalle wirklich des Schutzes der V teilhaftig wird oder auch nur werden kann, ist unerheblich für den Hauptvertrag. Denn dieser dient nicht allein dem Primär-I'nten, sondern auch dem Sekundär-I'nten, dessen I durch die Erhebung des Primär-I zum unmittelbaren Gegenstande des Vertrages auf jeden Fall mittelbar geschützt werden.

IV. (Das Nebenvertragsverhältnis.) Die bestehende KV auch dem Primär-I nutzbar zu machen, das ist der Hauptzweck nicht des Hauptvertrages, sondern des Nebenvertrages zwischen dem Sekundär-I'nten und dem Primär-I'nten. Dieser hat zum Inhalt die Verpflichtung des Sekundär-I'nten, dem Primär-I'nten das aus dem in Ansehung dieses Primär-I schon wirksamen oder erst wirksam zu machenden Hauptvertrage erlangte auszukehren und alles zu tun, was zur Aufrechterhaltung der V notwendig ist, in ähnlicher Weise wie der Kommissionär dem Kommittenten die Ware oder den Kaufpreis auszukehren hat.

V. Über das generische Verhalten beider Verträge gilt folgendes: Der Hauptvertrag ist möglich ohne den Abschluß des Nebenvertrages, d. h. der Sekundär-I kann den Anspruch an den Vr selbst dann geltend machen, wenn ihm keine Verpflichtung zur Auskehrung der V'summe an den Kunden obliegt, oder diese gar niemals bestanden hat. Dagegen setzt die Erfüllung des Nebenvertrages stets das Bestehen des Hauptvertrages voraus, und in den meisten Fällen geht der Hauptvertrag auch zeitlich voraus.

Es liegt also gerade umgekehrt wie bei dem Bilde, das man sich von der VffR macht. Bei dieser erfolgt in der Regel zuerst der Abschluß des Vertrages zwischen Vn und Vt, gerichtet auf den Abschluß des V'vertrages als eine dem Vn aus dem internen Verhältnis zum Vt obliegende Leistung, und erst dann schließt der Vn mit dem Vr den eigentlichen V'vertrag. Bei der KV dagegen sehen wir im Mittelpunkte der rechtlichen Gruppierung einen den ganzen Betrieb des Vn umfassenden General-V'vertrag, dem der Vn, der Spediteur usw. von Fall zu Fall einzelne Nebenvertrage mit dem Primär-I anschließt. Anders auch bei der Kommission. Hier steht im Mittelpunkte der Beziehungen der Kommissionsvertrag, der, wie der General-V'vertrag, auf längere Dauer bestimmt sein kann und in ähnlicher Weise den Rahmen fur eine ganze Reihe einzelner Rechtsgeschäfte abgeben kann; an diesen werden die Ausführungsgeschafte angeschlossen. Bei der KV steht das einzige Ausfuhrungsgeschäft, der General-V'vertrag in der Mitte mit seiner uberwiegenden wirtschaftlichen Bedeutung, und die Geschafte mit dem Kommittenten werden angeschlossen.

VI. In welcher Weise wird nun die Gewähr geschaffen, daß die KV auch wirklich die ganze mit einer wirtschaftlichen Operation zusammenhangende I'gruppe schutzt? Oder mit anderen Worten: Wie kann der Kunde, der Primar-I, einseitig, ohne, ja gegen den Willen des Sekundar-I, sich die Wirkung der V im einzelnen Falle zunutze machen? Selbst dann zunutze machen, wenn zunächst kein Nebenvertrag vorliegt? Der Hauptvertrag stellt sich seinem Wesen nach als eine Offerte des Sekundär-I'nten dar, die den Primär-I'nten zum Beitritt einlädt, und die im selben Augenblicke abgegeben ist, wo der Hauptvertrag seine Wirkung in Ansehung der einzelnen Sache außert.[122] Es liegt in der Hand des Primär-I'nten, diese Offerte anzunehmen und seinem erfahrungsgemaß vorhandenen Willen gemäß bleibt der Sekundär-I'nt so lange daran gebunden, als der Hauptvertrag noch Wirkungen zugunsten des Kunden außern kann, also selbst nach dem V'falle.

Wir stellen uns mit dieser Konstruktion im Endziel auf die Seite von Lewis[123], der den Anfall der dem Versicherten zwischen Vr und Vn stipulierten Rechte erst durch eine nachträgliche

---

[122] In den meisten Fallen, wo kein ausdrucklicher Auftrag zur V gegeben worden ist, wird die Offerte dem Kunden durch die Aufgabe der Assekuranzgebuhr zur Annahme vorgeschlagen, also mit der Speditionsrechnung, mit der Lagergeldrechnung usw.

[123] S. 132, 133.

Akzeptation, eine Beitrittserklärung, eine einseitige Willenserklarung eintreten läßt. Im Gegensatz dazu vertreten Hellwig und Lenné die Meinung, die Rechte fallen dem Versicherten sofort zu, er konne sie aber zuruckweisen.

Unseres Erachtens verdient Lewis' Konstruktion schon um der durch die Doppel-V eintretenden Beziehungen willen den Vorzug. Sie ist auch einfacher.

VII. Im folgenden soll die Brauchbarkeit der vorgetragenen Konstruktion an sämtlichen möglichen Fällen nachgewiesen werden.

II. ABSCHNITT.

Der Schutz der Interessen in den einzelnen Fällen.

1. Kapitel.

Die Kundenversicherung mit angeschlossenem Nebenvertrage.

§ 24.

a) Die Auftragerteilung und die negotiorum gestio.

I. Der Regelfall der V einer fremden Sache ist auch bei der KV der, daß ein Auftrag zur V vorliegt. Ein solcher wird entweder ausdrucklich erteilt, und zwar gewohnlich beim Abschluß des Verkehrsgeschafts, also z. B. zusammen mit dem Speditionsauftrag, oder er wird als stillschweigend erteilt angenommen. Von diesen Fallen sind zu unterscheiden die der negotiorum gestio, wo die V lediglich vorsorglich erfolgt, aber mit dem Bewußtsein, daß kein Auftrag vorliegt, sondern nur einer erteilt worden wäre, wenn der Kunde den Sachverhalt ubersehen hätte.

II. Die stillschweigende Auftragerteilung moglichst immer zu unterstellen, ist zunachst das Bestreben der Sekundar-I'ten, die eine KV besitzen, also der Spediteur und Lagerhalter, aber auch die Anschauung weiterer Handelskreise und schließlich auch die Rechtsprechung stimmen damit uberein. So bestimmen die „Allgemeinen Beforderungsbedingungen des Vereins Deutscher Spediteure" in Ziffer 9: „Transport-V muß nur gedeckt werden, wenn ein ausdrucklicher Auftrag dazu vorliegt[124]. Die bloße

[124] Soweit in Übereinstimmung mit § 390 II, § 407 II HGB.

Wertangabe als V'auftrag anzusehen, ist der Spediteur im Zweifel berechtigt, aber nie verpflichtet." Die „Allgemeinen Lagerbedingungen" derselben Vereinigung bestimmen in § 10: „Die V des Lagergutes gegen Feuer erfolgt, sofern kein gegenteiliger Auftrag vorliegt, durch den Lagerhalter bei den von ihm gewählten Versicherungsgesellschaften für Rechnung des Einlagerers."

Das Bestreben, die V in die Hand zu nehmen, ist unverkennbar und bei der weiten Geltung der allgemeinen Bedingungen kommt dieser Regelung die Bedeutung einer Handelsubung zu, wenigstens in Deutschland. So sagt denn auch ein Gutachten der Berliner Kaufmannschaft, abgedruckt in der SSZ. 1911 Nr. 4 S. 40: „Die Angabe des Wertes in den Begleitpapieren als V'auftrag anzusehen, wenn sich nicht aus den Umständen des Falles unzweifelhaft ergibt, daß die Deklaration nur zum Zweck der Statistik oder Verzollung erfolgt ist, ist der Spediteur berechtigt, wenn auch nicht verpflichtet."[125]

III. Den Fallen der negotiorum gestio kommt im Hinblick auf die im Vorstehenden dargelegte Regelung, wo fast in allen Fallen ein V'auftrag nachgewiesen werden kann, keine große Bedeutung mehr zu. Weil im Binnengeschäft das Nichtvorliegen eines Auftrags immer nur dann anzunehmen ist, wenn ein ausdruckliches Verbot erfolgt ist, so kann es gar nicht vorkommen, daß gefragt werden muß, ob die V dem mutmaßlichen Willen des Kunden entsprach. Aber auch für die See-V gilt dieser Gedanke. Denn der Kunde, der unter den ihm bekannten Bedingungen der Hafenspediteure abschließt, bekundet durch sein Schweigen eben seinen Willen, keinen V'auftrag zu erteilen. Das bedeutet eine große Erleichterung für alle Beteiligten und verbürgt Rechtssicherheit. Soweit also die Beforderungsbedingungen und die Lagerbedingungen gelten, taucht die Frage, ob der Spediteur ohne Auftrag versichert hat, gar nicht auf.

Daß die Frage der Erstattungsfähigkeit der Prämie nicht mit der der Wirksamkeit der V zufolge negotiorum gestio vermengt werden darf, sei schließlich noch ausdrucklich hervorgehoben.

---

[125] Vgl. ferner Senkpiehl in der SSZ. 1910 Nr. 26 S. 335, Barth ebenda 1911 Nr. 15 S. 189.

IV. Außerhalb des großen Güterverkehrs spielt die V kraft negotiorum gestio eine gewisse Rolle. So bei Leihhäusern, Mietställen, der Versicherung von Kundenwaren durch Handwerker und durch Fabrikanten. Hier werden die Voraussetzungen der negotiorum gestio in jedem Falle besonders geprüft werden müssen. Doch werden auch hier oft Formulare benutzt, die in ähnlicher Weise wie die Übernahmebedingungen der Verkehrsunternehmer über die V bestimmen.

§ 25

b) Der Übergang der Rechte des Kunden bei Veräußerung der versicherten Sache und die Nachfolge in das Interesse.

I. In der einleitenden Betrachtung wurde dargelegt, daß vermöge der Bestimmung des I auch der Primär-I jederzeit bestimmbar und somit bestimmt, wenn auch nicht bekannt, ist. Daraus ergibt sich, daß, sofern überhaupt ein Primär-I vorhanden ist, auch ein Primär-I'ent da sein muß, mit anderen Worten: Zu jeder versicherten Sache gehört zu jeder Zeit ein bestimmter Primär-I.

Der Primär-I kann wechseln; gerade bei der Transport-V und der Lagerhausfeuer-V ist die Folge mehrerer I sehr häufig; bei der Transport-V wird der Versender, der Kunde des Spediteurs regelmäßig vom Empfänger abgelöst, auf den die Gefahr mit dem Beginn des Transportes übergeht, und der infolgedessen das irreguläre Eigentum-I eines Disponenten erwirbt; ja man kann sagen, daß der Kunde selbst nur selten I ist, sein I an der Erhaltung der Ware wird ersetzt durch das an der Zahlungsfähigkeit des Käufers, denn die Transportgefahr trägt er so gut wie nie. Trotzdem ist der Kunde stets Kontrahent des Nebenvertrages.

II. Selbstverständlich tritt der Rechtsnachfolger des Kunden in dessen Stellung gegenüber dem Sekundär-I ein und erwirbt dessen Anspruch auf Auskehrung des aus der V erlangten, wenn er die Sache erwirbt. Dieser Übergang erfolgt zwar nicht kraft Gesetzes, wohl aber vermöge Abtretung zugleich mit der Veräußerung der Sache in dem Augenblicke, wo die Gefahr übergeht. Eine solche Abtretung ist schon in der Veräußerung einer versicherten Sache zu erblicken, sofern nur der Erwerber von der V Kenntnis hatte. Das wird von Fall zu Fall festgestellt werden müssen, aber gerade im Gutergroßhandel keine Schwierigkeiten haben im Hinblick auf die schon besprochenen Formulare der Verkehrsunternehmungen. Ebenso selbstverständlich ist es, daß der *bloße Nachfolger im Interesse*, also vor allem der die Transportgefahr tragende Käufer, in dieser Weise den Anspruch aus dem Nebenvertrage gegen den Spediteur erwirbt.

Selbstverstandlich können dem Erwerber die Anspruche seines Vorgangers nicht aufgezwungen werden, so insbesondere dann nicht, wenn er die Guter selbst unter V bringen will. Er muß sich dann ausdrücklich dagegen verwahren, daß die fur den Vormann laufende V fur ihn weiter lauft.

Hat er keine Kenntnis vom Bestehen der V, so findet der Rechtsubergang nicht statt. Die Folge ist, daß die Sache aus der V herausfallt, das Primär-I wird nicht mehr gedeckt.

III. Vergleicht man die vorgeschlagene Regelung mit der des *Vertragsgesetzes* fur den Fall der Veräußerung der Sache durch den Versicherten, dem ein *direkter* Anspruch an den *V'rer* zusteht, so ist offenbar dessen Nachfolger gunstiger gestellt, weil die V auch *ohne* sein Wissen zu seinen Gunsten weiterlauft und ihm Gelegenheit gegeben ist, sich fur den Fall des Aufhörens anderweit zu decken; insbesondere bei der Transport-V schützt ihn § 142 sogar gegen die Gefahr, die ihm aus der Kundigung des V'rers entstehen konnte.[126] Allein es besteht im Gutergroßhandel kein Bedurfnis nach so umfassendem Schutz, der nur durch die gesetzliche Regelung moglich ware. Regelmäßig handelt es sich um erfahrene Kaufleute, die wohl kaum die Frage der V ubersehen werden, und wenn sie es doch tun, dafur einstehen müssen. Deshalb reicht die Möglichkeit vertragsmäßiger Übertragung der Rechte aus.

Sollte aber wirklich ein Bedürfnis bestehen, dem Erwerber einer versicherten Sache auch ohne sein Wissen die Vorteile der

---

[126] Doch gilt die Regelung des § 69 Vvg nur fur die Rechtsnachfolge in das *Eigentum*, so daß bei strenger Auslegung gerade der Kaufer einer Transportsache ungeschutzt bleibt.

V nutzbar zu machen, so besteht zunächst immer die Möglichkeit, auch nach dem Erwerbe und selbst nach dem V'falle die Abtretung vorzunehmen; dann aber kann man auch den Nebenvertrag zwischen dem Sekundär-I und dem Veräußerer zugleich als Vertrag zugunsten des Erwerbers auffassen, wobei diesem der Natur der Sache nach ein direkter Anspruch gegen den Sekundar-I zugebilligt ist. Das wird z. B. anzunehmen sein, wenn Privatpersonen einem Lagerhaus gegenüberstehen, wenn ein gegen Feuer versichertes Auto veräußert wird usw. Aber selbst in diesen Fällen wird die Notwendigkeit, eine Einigung über die Weiterzahlung der Prämie zu treffen, von selbst die Aufmerksamkeit der Vertragschließenden auf die V lenken.

IV. Die Veraußerung der Sache kann also die Wirkung haben, daß diese aus der versicherungsmaßigen Deckung herausfallt. Welchen Einfluß das auf den Fortbestand und den Inhalt des Hauptvertrages hat, daruber ist in § 28 zu handeln. Werden dagegen, und das ist der häufigste Fall, die Rechte mitübertragen, so erlangt der Nachfolger genau dieselbe Stellung wie der ursprungliche Kontrahent des Sekundär-I. Ein ursprüngliches Recht erwirbt er also nicht; das ist wichtig, wenn der Vorgänger präjudiziert hat. Gerade diese Konstruktion ermoglicht es dem Vr, sich auf eine solche V einzulassen.

Es ist also verfehlt, zu behaupten, bei der KV, als einer VffR wen es angeht, sei immer nur der im V'falle Interessierte der Versicherte[127] Nein, im V'falle muß zwar zunächst der augenblickliche Primär-I festgestellt werden, um zu erkennen, wer an sich überhaupt den Anspruch aus dem Nebenvertrag erheben kann, aber dann ist die Reihe seiner Vorgänger bis auf den ursprünglichen Kontrahenten des Sekundar-I festzustellen und dabei stellt sich heraus, ob die Rechte aus dem Nebenvertrage fortgesetzt ubertragen worden sind und ob im Laufe der V dem Primär-I präjudiziert worden ist, insbesondere durch einen Primar-I'nt.

Das ist auch gegen den Erwerber nicht unbillig. Einmal stellt ihn das Vvg selbst dann nicht besser, wenn er einen direkten Anspruch an den Vr hat, und dann weiß jeder, der eine ver-

---

[127] Dagegen schon Lewis S. 155 oben.

sicherte Sache im Gütergroßhandel erwirbt, daß er mit dem Nutzen der von anderer Seite genommenen V auch ihre Gefahren übernimmt

V. Möglicherweise ist der Kontrahent des Sekundar-I kein Primar-I, und zwar deshalb, weil überhaupt noch kein gefährdetes Primar-I denkbar ist, so in den meisten Fällen der Transport-V, wo der Käufer und Empfänger die Gefahr schon vom Beginn des Transports an trägt Nichtsdestoweniger erwirbt er vom Kunden die Rechte eines I, denn diese sind bereits in dem Anspruche des Kunden aus dem Nebenvertrage enthalten, wenn auch nur schlummernd, bedingt durch die Entstehung eines Primar-I

VI. Was von der rechtsgeschäftlichen Übertragung gilt, gilt auch von dem sie ersetzenden darauf gerichteten *Urteil*. Die *Verpflichtung* zur Übertragung ist in vielen Fällen ohne weiteres den Umständen zu entnehmen.

§ 26.

c) Die Leistung des Versicherers im Regelfall des Fehlens einer präjudizierenden Handlung.

I. In gewissen, von dem Gesetz und den Vertragsbedingungen genau bestimmten Fällen wird die Verpflichtung des Vr zur Leistung aufgehoben, sei es, daß sie von selbst entfällt, sei es infolge einseitigen Rücktritts des Vr Es handelt sich um die Verletzung der Anzeigepflicht beim Vertragsschluß und während der Dauer der V, sodann um Verstöße gegen vertragsmäßig übernommene Obliegenheiten, schließlich um die vertretbare schuldhafte Herbeiführung des V'falles. Diese Folgen sind durchaus gerechtfertigt, wenn nur das I *einer* Person, des Vn, davon getroffen wird. Das ist auch der Fall bei der VffR im strengen Sinne; wenn hier auch I und Vertragspartei auseinanderfallen, so liegt deshalb noch keine Mehrheit verschiedener I vor; wenigstens setzt sie das Gesetz in § 74 nicht voraus und deshalb ist gegen den dort in § 79 ausdrücklich anerkannten Grundsatz nichts einzuwenden, wonach *jede* präjudizierende Handlung, sowohl des Vn als auch des Vt, den Vr befreit.

Sowie aber neben dem Primär-I, der für die echte VffR der Vt genannt wird, auch der Vertragsgegner, der Vn, am Bestehen der V interessiert ist, fuhrt diese Regelung zu den unbilligsten Folgen fur den Vn. Der Vn ist, wenn wir die VffR auf die Verhaltnisse der KV übertragen, der immer stark sekundär interessierte Spediteur, dem durch absichtliche oder auch nur grobfahrlassige Handlungen seiner Kunden die versicherungsmäßige Deckung seines eigenen I, der mittelbare Schutz, den das Versichertsein der ihm zum Faustpfand dienenden Sache darstellt, ohne die geringste Schuld entzogen werden wurde Weniger die Herbeifuhrung des V'falles als die Verletzung der Anzeigepflicht spielt hier eine Rolle. Man denke an die häufigen unrichtigen Angaben uber den Wert und die Transportgefährlichkeit der Versandgüter, die der Spediteur unmoglich erkennen kann.

Dieser eine, der KV besonders eigene Fall prajudizierlicher Handlungen, der des Primär-I, wird im folgenden Paragraphen, der andere Fall, die Verwirkunghandlungen des Sekundar-I, im Zusammenhange mit den ubrigen, den Hauptvertrag aufhebenden Tatsachen in § 31 behandelt werden. Liegt dagegen, was ja die Regel ist, keine verwirkende Handlung vor, weder des Primär-I noch des Sekundär-I, so vollzieht sich die Schadenregulierung der I beider Beteiligten in der folgenden Weise:

II Hat der Spediteur oder Lagerhalter einen Auftrag zur V gehabt, so wird er fast immer auf Veranlassung des Kunden, sofortiger oder spaterer, an den Vr herantreten. Nur ausnahmsweise wird sich der Kunde oder sein Rechts- und I'nachfolger um das Schicksal der V nicht kümmern, sei es, daß ihm am Schadensersatz uberhaupt nichts liegt, sei es, daß er von anderer Seite, insbesondere von einem anderen Vr Deckung erlangen will. Dieser von der Regel abweichende Fall, der naturgemaß auch abweichende Folgen fur die Durchsetzung der Ersatzanspruche des Sekundar-I nach sich zieht, wird spater besprochen werden.

Was bedeutet es nun im Regelfalle, wenn der Spediteur dem Vr erklärt und im Streitfalle nachweist, der Kunde verlange von ihm die Ersatzleistung des Versicherers? Nichts anderes als den Nachweis, daß der Kunde den Anspruch aus dem Nebenvertrage erhebt, die Auskehrung des dem Spediteur aus dem Hauptvertrage zukommenden verlangt. Der Spediteur weist also — abgesehen vom Grund des Schadens und seiner Hohe — nach:

1. den Rechtsbestand des Nebenvertrages, also seinen Abschluß, gegebenenfalls die Legitimation der Nachfolger seines Kunden zu den Rechten aus dem Nebenvertrage,
2. die Geltendmachung dieser Rechte.

Dieser Nachweis ist das im Regelfalle erforderliche und genugende, um die Leistungspflicht des Vr auszulösen; aus eigenem Rechte fordert nun der Spediteur die ihm gebuhrende Leistung des Vrs aus dem Hauptvertrage, die Zahlung der V'summe. Der Nachweis ist auch erforderlich: ohne die Inanspruchnahme durch den Primar-I besteht die Gefahr, daß der Spediteur bereichert wird Er ist aber auch genugend, um ihm den Schadenbetrag zur Weitergabe anzuvertrauen. Es ist anerkannt, daß schon das Bestehen der Verbindlichkeit zur Auskehrung an sich genügt, um die Gefahren der Wett-V auszuschalten.[128] Wir glauben sogar den Nachweis der wirklichen Inanspruchnahme auf Grund einer solchen verlangen zu durfen, ohne die Schadensregulierung zu erschweren. Mag der Vr die oft keinen Aufschub duldende Schadensfeststellung imerhin fur Rechnung des Spediteurs schon dann beginnen mussen, wenn dieser lediglich die Möglichkeit der Inanspruchnahme behaupten kann, die Auszahlung der V'summe ist ihm nicht ohne diesen besonderen Nachweis zuzumuten.

Aus eigenem Rechte fordert der Sekundär-I die Leistung des Vr. Nur er selbst kann sie fordern, nicht der Primär-I, der zum Vr in keiner Beziehung steht. Insbesondere geben die herkömmlichen Formulare und die Übung der Praxis nicht den geringsten Anhalt dafur, daß ihm ein unmittelbarer Anspruch aus dem Hauptvertrage nach den Regeln über die zugunsten Dritter geschlossenen Vertrage zustehen soll. Anderseits kann der Sekundar-I ohne die Mitwirkung des Primär-I die Leistung des Vr in der Richtung auf das Primär-I nicht auslosen. Allein das ändert nichts daran, daß ihm diese Leistung aus eigenem Rechte gebuhrt, die Mitwirkung des Primar-I stellt vielmehr nur eine aufschiebende Bedingung fur die Erfüllung des Hauptvertrages dar. Ihr Eintritt ist von Bedeutung dann, wenn der Sekundar-I vom Vr die Deckung fur

[128] Vgl. Lenné S. 26 ff.

die Verletzung seiner eigenen I verlangt. Tritt die Bedingung nicht ein, verlangt also der Kunde vom Spediteur oder Lagerhalter keinen Ersatz aus der auftragsgemäß geschlossenen V sondern auf Grund seiner gesetzlichen Haftpflicht, so muß der Spediteur dieses Haftpflicht-I ebenso besonders nachweisen, wie dann, wenn er in diesem Falle sein Pfandrecht-I decken will. Kann er dagegen den Eintritt der Bedingung nachweisen, so wird dieser besondere Nachweis uberflüssig, denn dann erreicht er die Deckung des eigenen Pfandrechtes mit Hilfe der in der Richtung auf das wirklich versicherte Primär-I ausgelosten Leistung des Vr einfach dadurch, daß er mit dem Betrage seiner Forderung gegenuber dem Auskehrungsanspruche des Kunden aufrechnet

Das Bedurfnis nach der Deckung des sekundaren Haftpflicht-I tritt im Falle der Ersatzleistung auf Grund des Auskehrungsanspruches deshalb nicht ein, weil dadurch der Anspruch auch insoweit den Boden verliert, als er auf eine Haftpflichtverletzung gestutzt werden konnte.

III Besondere Beachtung fordert der Fall des sekundaren Haftpflicht-I beim Wechsel der Person des Primar-I. Wie ausgefuhrt, steht der Spediteur in der Regel bei der Schadensregulierung nicht seinem ursprunglichen Kontrahenten, dem Versender, gegenuber, sondern dem die Transportgefahr tragenden Käufer und Empfänger, der jenem in das Eigentum-I, wenn auch nicht in das Eigentumrecht nachfolgt und deshalb durch Abtretung den Auskehrungsanspruch gegen den Spediteur erwirbt. Geht in diesem Falle die dem Spediteur verpfändete Sache unter und kann er seine persönliche Forderung gegen den ursprünglichen Primär-I, seinen Darlehens- usw. Schuldner, nicht von diesem beitreiben, so ist er schutzlos, falls er sich nicht an die in seine Hände gelangende, dem nunmehrigen Primar-I zukommende V'summe halten kann. Die Aufrechnung, die ihm gegenuber dem Auskehrungsanspruche des Kunden selbst zustatten kommt, ist unmoglich gegenüber der Forderung eines Dritten. Der Erfolg ware, daß der Sekundar-I den Wert seines Pfandrechtes ersatzlos verlore, und zwar zugunsten des Nachfolgers seines Schuldners; ein durchaus unbilliges Ergebnis, wenn man bedenkt, daß beim Ausbleiben des V'falles der Spediteur die Pfandsache bis zur Deckung seiner dadurch gesicherten Forderung auch gegenuber dem jeweiligen Primar-I wegen der dinglichen Wirkung seines Pfandrechtes zuruckhalten kann

Die Losung liegt nicht, wie man zunachst vermuten konnte, in dem Gedanken der *Surrogation* der V'summe in die Stelle der versicherten Sache; diese wäre in Wirklichkeit nichts anderes als ein *gesetzliches* Pfandrecht an der Forderung aus dem Nebenvertrage und das vertrüge sich nicht mit dem Grundsatze der *Sichtbarkeit* des Pfandrechtes.[129] [130] Wohl aber bietet die *Verpfandung des Auskehrungsanspruchs*, die Anerkennung eines *vertraglichen* Pfandrechts dem Spediteur die Moglichkeit, dem jeweiligen Primar-I die V'summe bis zum Werte des untergegangenen Faustpfandrechts vorzuenthalten. Es ist unbedenklich, als Vertragswillen zu unterstellen und auch in der Police zum Ausdruck zu bringen, daß der Kunde dem Spediteur oder dem Lagerhalter neben der Ware selbst auch seine Anspruche aus deren V verpfändet. Bei der KV kommt nur der Anspruch aus dem Nebenvertrage, also ein gegen den Spediteur selbst gerichteter, in Betracht. Dieser ist zugleich Pfandglaubiger und Drittschuldner Die Verpfandung einer dem Schuldner gegen den Glaubiger selbst zustehenden Forderung ist zulassig, ebenso wie ihre Pfandung im Wege der Zwangsvollstreckung alltaglich ist. Die zur Bestellung des Pfandrechts erforderliche Anzeige an den Drittschuldner kann unterbleiben, weil dieser zugleich Pfandglaubiger ist. Nunmehr ist, lediglich auf Grund der allgemein gultigen Regeln des BGB uber das Pfandrecht an Geldforderungen folgender Zustand geschaffen: Dem Auskehrungsanspruche des jeweiligen Primar-I, den dieser nach dem in der einleitenden Betrachtung Ausgeführten nach dem *vollen* Werte der untergegangenen Sache, ohne Beachtung der Belastungen, erheben kann, kann der Sekundar-I zwar nicht die Aufrechnung mit seiner

---

[129] Ganz abwegig deshalb die Anregung Dr. Goldsteins in Leipz. Zeitschr. 1907 S. 819, das Pfandrecht an der versicherten Sache auf die Forderung gegen den Vr auszudehnen.

[130] Es liegt nahe, an eine analoge Anwendung des § 77 Satz 2 des Vvg zu denken. Allein diese stoßt außerhalb des Konkurses des Vt, also des Primar-I auf große Schwierigkeiten. Vgl. Komm. von Gerhard, Hagen usw. S. 361, 362.

Forderung an den Vorganger entgegensetzen, wohl aber, in seiner Eigenschaft als Drittschuldner, den Einwand, daß der Primär-I, der Schuldner, deshalb nicht fur sich allein zur Einziehung berechtigt sei, weil die Forderung bis zur Höhe seines Pfandrechts einem anderen, namlich ihm selbst in seiner Eigenschaft als Pfandgläubiger verpfandet sei Er braucht also nur an Pfandgläubiger und Schuldner gemeinschaftlich zu leisten, kann also im Endergebnis der Forderung auf Auskehrung mit der Behauptung entgegentreten, daß der Primar-I ihm gegenuber die Einwilligung in die Leistung an ihn allein erteilen muß. Naturlich hat er dem Primar-I den Rechtsbestand seiner Forderung an den Kunden nachzuweisen.

Diese Moglichkeit dinglicher Sicherung durch Verpfändung steht der einfacheren Aufrechnung zwischen den *ursprunglichen* Parteien selbst nicht entgegen. Der gegenuber dem die verpfandete Auskehrungsforderung geltend machenden Kunden mit seiner Darlehnsforderung aufrechnende Spediteur spricht durch die Aufrechnungserklarung den einseitig wirksamen Verzicht auf das dingliche Recht aus, an dessen Bestand ihm in diesem Falle nichts liegt.

IV. Die nur an die Mitwirkung des Primär-I gebundene Legitimation des Sekundar-I hat aber eine Grenze. Es ware unbillig, wenn seine Glaubiger sich auf Kosten des wirklichen Geschadigten bereichern konnten. Hier greift die fur eine ganz ahnliche wirtschaftliche Lage in § 392 II HGB aufgestellte Regel ein, wonach die Forderung des Kommissionärs im Verhaltnisse zwischen dem Kommittenten und den Glaubigern des Kommissionärs als Forderungen der Kommittenten gelten. Diese Regelung auch für die von der Kommission durchaus verschiedenen KV anzuerkennen, rechtfertigt sich durch die uberlieferte Übung, die in der VffR und den ihr ahnlichen V'verträgen vor allem um dieser Notwendigkeit willen, ein Kommissionsverhaltnis erblickt hat.

V. Der Spediteur ist nicht darauf angewiesen, den Anspruch aus dem Hauptvertrage selbst durchzufuhren. Er kann, soweit der V'vertrag das nicht ausschließt, seine Anspruche an den Kunden abtreten. Dieser tritt dann als sein Rechtsnachfolger, ex jure cesso, auf. Der *Nachweis der Geltendmachung* der

Rechte aus dem Nebenvertrage fällt dann natürlich weg, den *Rechtsbestand*, also den Abschluß des Nebenvertrages, dagegen muß der Kunde ebenso nachweisen wie der Spediteur.

VI. *Zusammenfassend kann gesagt werden*: Das Wesentliche bei der Schadensregulierung im Regelfalle ist folgendes: Das Primär-I steht im Mittelpunkte. Der Nachweis, nicht nur, daß es den Gegenstand der V bildet, sondern auch, daß der Primär-I Ersatz fordern *kann und fordert*, löst allein, ohne daß nach dem Sekundar-I gefragt wird, die Leistung des Vr an den Sekundar-I um deswillen aus, weil der Primar-I sie tatsächlich fordert. Dieser ist der eigentliche endgultige Empfanger, der Sekundar-I fuhrt sie nur durch sein Vermogen durch.

Doch ist das nur ein ungenaues Bild, das die wesentlichen Züge ubertrieben scharf hervorhebt und nur dann genau stimmt, wenn das eigene I des Sekundär-I gering ist. Je großer sein Pfandrecht-I im Vergleiche mit dem des Primar-I ist, desto mehr empfängt er von der V'summe endgultig. Dennoch tritt diese I'verteilung nach außen bei der Schadensregulierung in keiner Weise hervor und man kann deshalb sagen, daß es allein das Primär-I des Kunden ist, das die Schadensregulierung beherrscht, sofern die V im Auftrag des Kunden genommen ist.

§ 27.

d) Die Leistung des Versicherers im Falle einer präjudizierenden Handlung des Primarinteressenten.

I. In allen Fallen, wo bei der Eigen-V oder der VffR der Vr infolge einer vertretbaren Vertragsverletzung des Vn oder des Vt einseitig zurücktreten und im V'falle die Leistung verweigern kann, würde, wenn man den im vorigen Paragraph unter I erwahnten Grundsatz auf die KV ubertruge, infolge des von ihm nicht zu verhindernden prajudizierlichen Verhaltens des Kunden der regelmäßig interessierte Vn, also der Spediteur usw., ohne innere Berechtigung und entgegen dringenden wirtschaftlichen Bedurfnissen den Schutz verlieren, den das Versichertsein der Sache *ihm* bietet. Unsere Konstruktion, die Verteilung der Beziehungen auf zwei Verträge, vermeidet diese Folge. Immer dann, wenn sich der *Primär-I* seine eigene präjudizierliche Handlung entgegenhalten lassen müßte in einem Falle, wenn er selbst Vn wäre, bleibt lediglich ihm selbst der Ertrag der V versagt, dem unschuldigen Sekundär-I dagegen bleibt der Schutz gewahrt. Dieser Fall ist verschieden von denen, wo überhaupt kein Anspruch des Primär-I entsteht, weil er an einem Nebenvertrag fehlt. Darüber im nächsten Kapitel.

II. Liegt aber überhaupt ein Nebenvertrag vor, so wird dieser nicht berührt. Nach wie vor hat der Kunde gegen den Spediteur den Anspruch auf Auskehrung dessen, was dieser aus der V in der Richtung auf das Primär-I erlangt. Da der Spediteur aber, wie sich zeigen wird, in dieser Richtung selbst nichts erhält, so kommt auch dem Primär-I tatsächlich nichts zu Am Hauptvertrage zeigt sich die Wirkung in folgender Weise:

1. Verlangt der Spediteur unter dem an sich schlüssigen Nachweise des Rechtsbestandes des Nebenvertrages und seiner Inanspruchnahme daraus die Leistung aus dem Hauptvertrage, so kann ihm der Vr entgegenhalten, daß das Primär-I, der Anspruch des Primär-I präjudiziert ist, und daß der Spediteur deshalb den Anspruch in der Richtung auf das Primär-I nicht mehr geltend machen könne. Das Primär-I ist nicht mehr tauglich, um seiner selbst willen eine endgültig ihm zufließende Leistung auszulösen, seine Selbstzweckfunktion erlischt. Auf Grund der Inanspruchnahme aus dem Nebenvertrage, wegen einer Verpflichtung zur Auskehrung kann deshalb auch der Sekundär-I die Leistung nicht verlangen.

2. Will daher der Sekundär-I trotzdem die Leistung an sich auslösen — und das muß er wünschen, wenn er eigene I hat, die er bei Gelegenheit, mit Hilfe der Einziehung der V'summe, befriedigen könnte, wie er das auch im Regelfalle tut — so muß er diese eigenen I, Haftpflicht-I oder Pfandrecht-I nachweisen. Naturgemäß wird ihn der Kunde, welchem eine präjudizierende Handlung zur Last fällt, auf Grund der gesetzlichen Haftung im Hinblick auf § 254 BGB, § 21 Vvg selten in Anspruch nehmen können: wenn das aber einmal möglich ist, so wird um der mittelbaren Deckung des Haftpflicht-I willen das Versichertsein des Primär-I so weit unterstellt (fingiert), als der Schutz des Sekundär-I es erfordert. Seine Selbstzweckfunktion hat sich zur Konstruktionsfunktion abgeschwächt. Dieser Weg ist schon

durch den in § 20 erläuterten achten Absatz der Spediteurklausel eingeschlagen worden, allerdings nur für die im Falle einer kraft Auftrags für den Kunden genommenen V tatsächlich auch allein in Betracht kommenden Pfandrecht-I. Die Konstruktion läßt sich aber auf alle sekundären I erweitern. Für das Haftpflicht-I hat sie allerdings ihre eigentliche Bedeutung dort, wo die Frage der Präjudizierung deshalb gar nicht auftaucht, weil kein Nebenvertrag vorliegt, also bei der auftragslosen V, wovon im nächsten Kapitel zu handeln ist.

Der Nachweis seiner eigenen I wird dem Spediteur oder Lagerhalter fast immer leicht gelingen. Soweit er ihn führt, gewährt ihm der Vr die in der Fiktion dem Primär-I auszukehrende V'summe. Soweit der Spediteur den Betrag zur Deckung einer durch den Untergang der Sache wertlos gewordenen Forderung aufrechnen oder vermöge seines Pfandrechts behalten dürfte, wenn der fingierte Auskehrungsanspruch in Wirklichkeit bestände, soweit behält er ihn ein, soweit er auf Grund der gesetzlichen Haftpflicht Schadenersatz leisten muß, soweit befriedigt er daraus den Kunden.

III. Die Befreiung des Vrs tritt, wie bemerkt, entweder ohne weiteres ein oder erst infolge seiner Rücktritterklärung. Der zweite Fall scheint in unsere Konstruktion nicht zu passen. Von dem Hauptvertrage kann der Vr ja nicht eigentlich zurücktreten, denn er bleibt seinem Kontrahenten, dem Sekundär-I, gerade ohne Rücksicht auf das Verhalten des Kunden verpflichtet, aber doch nur noch für den Fall der Schutzbedürftigkeit von dessen eigenem I, nicht mehr um der Deckung des Primär-I willen; und so bedeutet denn die „Rücktritterklärung" in Wahrheit nur die Erklärung, auf künftige Geltendmachung des Nebenvertragsanspruchs nicht mehr zu leisten. Die Erklärung richtet der Vr, wie sich von selbst versteht, an den Sekundär-I, dieser macht sich gegebenenfalls schadenersatzpflichtig, wenn er sie nicht weitergibt oder nicht anderweit das I seines Kunden unter V bringt.

IV. Hat der Kunde den V'fall mutwillig oder böswillig herbeigeführt, und hat der Vr dem Sekundär-I infolgedessen den Wert seines Pfandrechts ersetzt, so scheint es unbillig zu sein, daß der Vr endgültig den Verlust trägt. Allein seine Abwälzung auf den Primär-I oder seinen R'vorgänger kommt deshalb aus tatsächlichen Gründen nicht in Betracht, weil der Vr dem Spediteur erst dann zu leisten hat, wenn dieser seine *persönliche* Forderung nicht erlangen kann. Wenn aber der Spediteur nichts erlangt hat, so wird das auch dem Vr nicht gelingen. Deshalb wäre es zwecklos, die Leistung des Vrs von der vorherigen Abtretung der Forderung gegen den Kunden abhängig zu machen.

V. Dem Fall der Präjudizierung durch den Kunden gleich ist der schon im vorigen Paragraphen angedeutete zu behandeln, wo der Kunde *unterläßt*, den Anspruch aus dem an sich wirksamen Nebenvertrage zu erheben, aber der Spediteur auf Grund der gesetzlichen Haftpflicht in Anspruch genommen wird; der wichtigste dieser Fälle ist die unbeabsichtigte Doppel-V des Kunden, d. h. das Bestehen einer im eigenen Namen genommenen V neben dem der KV seines Spediteurs angeschlossenen Nebenvertrage, dessen Abschluß durch eins der üblichen Formulare zustande gekommen ist. Beruht hier der V'fall auf einer vom Spediteur dem *Kunden* gegenüber zu vertretenden Haftpflichtverletzung, die aber der vom Spediteur genommenen KV noch nicht präjudiziert, also auf Fahrlässigkeit,[131] so hält sich der Kunde regelmäßig an seine eigene V, die ihm gegen Abtretung der Rechte aus der Haftpflichtverletzung leistet. Verlangt nun diese V vom Spediteur Regreß, so macht sie keineswegs die Rechte des Kunden aus der KV geltend, sondern diese Haftpflichtansprüche. Auch gegen diese Gefahr schützt den Spediteur seine KV, sofern Grund und Höhe seiner Haftpflicht festgestellt wird, und trägt auf diese Weise die Folge des technischen Fehlers, eine durchaus angemessene Lösung

2. Kapitel.

Die Kundenversicherung ohne Nebenvertrag.

§ 28.

a) Endgültiger und vorläufiger Mangel des Auftrages zur Versicherung.

I. Es ist davon auszugehen, daß die V eines I *gegen den erklärten Willen* des I durch kein *Bedürfnis* gerechtfertigt

[131] Die üblicherweise, entgegen § 130 Vvg, sowohl als gewöhnliche wie als grobe Fahrlässigkeit vom KVr dann gedeckt wird, wenn sie keine persönliche des Spediteurs ist, sei es auch nur mit teilweiser Selbstversicherung.

wird, ebensowenig eine solche gegen den vermutlichen Willen. Sie bärge sogar für das solide V'geschäft große Gefahren in sich und könnte unlauteren Trieben Gelegenheit zur Betätigung geben. Es wäre ein Unding, wenn der I'träger den Nutzen der V selbst dann erlangen könnte, wenn er sich bis zum Eintritt des V'falles ablehnend verhalten, insbesondere sich standhaft geweigert hat, die Prämie oder eine sonstige Gegenleistung zu gewähren. Wer ausdrücklich abgelehnt hat, daß eine V seines I zu seinen Gunsten valediert, darf, wenn der V'fall eingetreten ist, nicht unter dem Erbieten zur Gegenleistung Schadloshaltung aus der V fordern. Dem entspricht der umgekehrte Satz, daß der, der es unterlassen hat, eine ihm angetragene V abzulehnen oder auch nur den Umständen nach annehmen mußte, daß eine solche für seine I gewonnen werde, zur Gegenleistung verpflichtet ist.

Das sind in der Natur der Sache liegende Notwendigkeiten. Auch § 79 VG steht dem nicht entgegen.[132] Der Mangel des Auftrages zur V, nach unserer Konstruktion also das Nichtzustandekommen eines an die KV angeschlossenen Nebenvertrages zwischen dem Spediteur und dem Kunden, sei es, daß dieser die Offerte des Spediteurs ausdrücklich abgelehnt hat, sei es, daß sich keine Annahmeerklärung feststellen läßt, hat also immer zur Folge, daß dem Kunden aus der V nichts zukommen kann.

II. Solche Fälle gänzlichen Fehlens des Nebenvertrages sind im Gebiete der KV nicht selten. Es kommt allerdings selten vor, daß der Kunde die V der Sache deshalb verbietet, weil er überhaupt keine V wünscht, wohl aber hat er selbst oder sein Nachmann, der Empfänger, bereits anderweit V genommen und will sich deshalb nicht der Gefahr der Doppel-V aussetzen, die droht, wenn mit seinem Willen eine weitere V des Primär-I um seiner selbst willen geschlossen würde.[133]

Da nun der Sekundär-I aus der anderweiten V für sein Pfandrecht-I keine Deckung erhält, selbst wenn diese mit der Klausel „für Rechnung wen es angeht" geschlossen ist — denn es gibt keine V des objektiven I — und bei Verletzung seiner Haftpflicht

[132] Ebenso wohl Schweizer Entwurf Art. 17 (abgedr. in Zeitschr. II Anhang S. 18) und Französischer Entwurf Art. 14 (Zeitschr. V S. 404), wo der Fall ausdrücklicher Ablehnung nicht gemeint zu sein scheint.

[133] Über die Doppel-V vgl. § 30.

dem Regresse des anderen Vr preisgegeben ware, so wären seine I ohne Schutz, wenn er die von ihm genommene KV nicht zur mittelbaren Deckung benutzen konnte Das ist angängig. Ebenso wie das mit voller Wirkung in der Richtung auf den Primar-I versicherte Primar-I im Laufe der Verhaltnisse wegen Präjudizierung durch den Primär-I zum bloßen Konstruktionsteile des V'vertrages werden kann, ebenso konnen ihm die Vertragschließenden von Anfang an nur diese Bedeutung geben Auch hier liegt eine Fiktion vor; naturlich wird nicht der Primar-I selbst fingiert, dieses beweist seine Wirklichkeit ja gerade durch die Wirksamkeit der vom Kunden selbst genommenen V. Wohl aber wird das Versichertsein dieses I fingiert und weiter die Fähigkeit dieses I, die Leistung des Vr auszulosen Diese Fiktion geht also weiter als die bei der bloßen Prajudi-zierung, denn dort liegt ein wirkliches Versichertsein vor, und fingiert wird nur der Fortbestand der Auslosungsfunktion. Dadurch wird es dem schutzbedurftigen Sekundar-I moglich, unabhangig von der Mitwirkung des Primär-I das Primar-I um seiner eigenen I willen zu versichern. Gerade im Hauptfalle der V des Primar-I durch den Primär-I selbst, ist ihm das besonders wertvoll, denn er wird so gegen die erfahrungsgemaß sehr haufigen Regreßanspruche des Vr seiner Kunden geschutzt.

Diese Konstruktion, die nichts anderes darstellt, als die Durchfuhrung des schon von der Spediteurklausel und der Viktoriapolice anerkannten Grundsatzes, und zwar auch zugunsten des Haftpflicht-I, ist, soweit wir sehen, vereinzelt bereits anerkannt So gestattet die englische Marine Insurance Act von 1906 in § 14 dem Schiffshypothekengläubiger, das I des Hypothekenschuldners zu versichern, und zwar bis zum Betrage des vollen Wertes des Pfandobjekts.[134]

Die Einziehung der V'summe zur Deckung des Sekundar-I geschieht ebenso wie nach erfolgter Präjudizierung des wirklich versicherten Primar-I (§ 27 II 2). Da der Spediteur den Abschluß des Nebenvertrages nicht nachweisen kann, geschweige

[134] Vgl. Ulrich, Das neue englische Seeversicherungsgesetz in Zeitschr. VI S. 216.

denn die Geltendmachung eines darauf beruhenden Auskehrunganspruches, so muß er sein eigenes I nachweisen. Etwaige Ansprüche des Kunden, die erfahrungsgemäß *nach* Eintritt des V'falls oft erhoben werden, wehrt er mit dem Bestreiten des Nebenvertrages ab; seine prozessuale Lage ist also günstiger als im Falle der Präjudizierung, wo er den Nebenvertrag zugeben und einwenden, also beweisen muß, daß infolge der Präjudizierung dem Auskehrunganspruche der Boden entzogen sei.

III. Von dem Fall endgültigen Ausscheidens des Primär-I von Anfang an ist der zu unterscheiden, wo das Primär-I wegen fehlenden Nebenvertrages zunächst nicht mehr als Konstruktionsteil ist, um *später*, im Laufe der V, *vermöge nachträglichen Zustandekommens des Nebenvertrages*, des V'schutzes um seiner selbst willen teilhaftig zu werden. Das ist zwar im Hinblick auf die Formulare der Verkehrsunternehmer verhältnismäßig selten, man denke aber an Fälle, wo der Kunde sich den Abschluß der V vereinbarungsgemäß vorbehalten hat. Hier existiert *zunächst* nur der Hauptvertrag. Die V kann also, wenn nichts weiteres erfolgt, nur zugunsten des Sekundär-I wirken. Ob sie danach dem vorläufig nur fiktiv versicherten Primär-I zugute kommt, hängt davon ab, *ob der Primär-I* die — noch nicht abgelehnte — *Offerte des Sekundär-I annimmt und so den Nebenvertrag zustande bringt.* Diese Offerte wird dann wirksam, geht als Willenserklärung dann zu, wenn der Kunde vom Bestande des Hauptvertrages erfährt, in aller Regel also schon dann, wenn er erfahrt, daß sein Spediteur eine General-V hat, unter die seine Ware fällt. Dem Willen der Parteien gemäß ist der Spediteur so lange gebunden, als die KV zugunsten des Kunden ausgenutzt werden kann. Andererseits muß der Kunde sein trotz dieser Kenntnis beobachtetes Stillschweigen immer als Annahme gelten lassen; auch dieser Vertragswille kann bei den besonderen allen Beteiligten bekannten Verhältnissen des Gütertransportes unterstellt werden. Es vollzieht sich also in diesen praktisch ziemlich seltenen Fällen ein „Anfall" der schon im Keime vorhandenen Rechte an dem Primär-I, vermöge seines „Beitritts" zur V verwandelt sich das fingierte Versichertsein in ein wirkliches, *und zwar ohne daß der Sekundär-I es hindern kann.* Schon *Lewis* (S. 133,

134) gibt dem Vt die aus der auftragslosen V ihm zukommenden Ansprüche erst nach seinem „Beitritt“. Wir teilen diese Auffassung, die natürlicher ist als die von Hellwig und Lenné, welche die Ansprüche sofort anfallen lassen, vorbehaltlich späterer Zurückweisung durch den Kunden.[135] Sie kommen auf diese Konstruktion von der Annahme aus, es liege ein Vertrag zugunsten eines Dritten vor, eine Anschauung, die, wie wir glauben dargelegt zu haben, zu dem wirtschaftlichen Bilde und der Praxis keineswegs paßt. Auch zeigt sich gerade im Lichte dieses Falles die starke Abweichung von der *Kommission*.[136]

IV. Schließlich kommen Fälle vor, wo zufolge einer nachträglichen Vereinbarung zwischen Primär-I und Sekundär-I der Nebenvertrag abgeschlossen wird, nachdem die Offerte bereits abgelehnt worden war. Der Hauptfall ist die *Beendigung der Wirksamkeit der vom Kunden selbst abgeschlossenen eigenen* V, mit Rücksicht auf die er abgelehnt hat, die Prämie für die KV zu zahlen. Auch hier wird das bis dahin fiktiv versicherte I zum wirklich versicherten I und die Brauchbarkeit der aufgestellten Sätze bewahrt sich ganz besonders, wenn man den Fall ins Auge faßt, daß der Kunde schon vorher präjudizierende Handlungen begangen hat. Dann kann ihm auch der KVr diese entgegenhalten, denn auch ihm gegenüber wurde das Primär-I schon in seiner Eigenschaft als bloßes Konstruktionselement verwirkt; nur kam dieser Verwirkung deshalb keine selbständige Bedeutung zu, weil sie damals überhaupt noch keine Wirkung in der Richtung auf den Kunden äußerte. Jetzt, wo das an sich möglich ist, wird dieser gewissermaßen schlummernde Mangel offenbar. Das Primär-I wird zwar zum wirklichen Gegenstande der V, aber mit allen ihm anhaftenden Mängeln, so als hätte ein *früherer* versicherter I eine verwirkende Handlung vorgenommen und der jetzige wäre sein Nachfolger. Alles das gilt natürlich auch für die Fälle unter III.

V. Schließlich ergibt sich eine zwanglose Lösung für den sehr umstrittenen Fall, daß der Primär-I *erst nach Eintritt* des V'falles der V beitritt. Das ist, sofern nur die Offerte noch wirkt,

---

[135] Hellwig S. 571, 573 ff; Lenné S. 146 ff.

[136] Vgl. § 23 V am Ende.

an sich möglich, allein er kann dadurch nicht die Wirkung früherer präjudizierender Handlungen seiner selbst oder seiner Vorgänger ausschalten, vielmehr gilt folgendes:

a) Kannte er den V'fall zur Zeit des Beitritts nicht, so ist es gleichgültig, ob er die V vorher kannte oder nicht. Denn präjudizierende Handlungen muß er sich entgegenhalten lassen, er muß mit dem Versichertsein des Primär-I auch jetzt dessen Mangel übernehmen.

b) Kannte er den V'fall, so muß er sich entgegenhalten lassen, daß der Vr ihm gegenüber nach § 2 II 2 des Vvg nicht zur Leistung verpflichtet ist.

Den Sekundärinteressenten berührt alles das nicht, ihm kommt die V des Primär-I immer zugute, mag sie fingiert oder wirklich sein.

VI. Ebenso wie der Anspruch des Kunden aus dem Nebenvertrage können die Parteien auch das Recht aus der Offerte übertragbar gestalten. Das Schicksal der Offerte kann also im V'falle ebenso nach rückwärts verfolgt werden, wie das Recht aus dem Vertrage selbst.

VII. Der Nachweis des eigenen I verschafft dem Sekundär-I dann den Schutz seines eigenen I, wenn er den Nebenvertrag und die Inanspruchnahme daraus nicht nachweisen kann. In diese Formel läßt sich das Ergebnis der vorstehenden Erörterung bringen. Es ergibt sich daraus, daß auch beim Mangel eines V'auftrages, ja selbst bei ausdrücklicher Ablehnung durch den Kunden der Spediteur nur in den seltenen Fällen, wo ein V'fall eintritt, das Verhältnis zum Kunden aufdecken muß. Bis dahin kann die Frage des Auftrags beiseite bleiben. Dennoch liegt es nahe, dem Spediteur die Pflicht zur Mitteilung hierüber am besten stets, aber wenigstens dann aufzuerlegen, wenn der Kunde ausdrücklich abgelehnt hat. Zunächst kann das Einfluß auf die Prämie haben, denn der bloße Zufall wird ebenso wie die höhere Gewalt als schadenstiftendes Ereignis ausgeschieden. Es bleibt nur noch die gesetzliche Haftpflicht des Spediteurs oder Lagerhalters usw. übrig für die Schadenstiftung in der vollen Höhe des V'wertes, im übrigen bildet der Wert des Pfandrechtes die Beschränkung der Ersatzleistung. Dann aber — und das ist wichtiger — liegt darin ein bequemes, einfaches Mittel, um den Vr vor ungerechtfertigten Ersatzansprüchen des Kunden zu schützen, der zunächst nichts von der V hat wissen wollen, nach Eintritt des Schadens aber alle Mittel aufwendet, um sie doch noch nutzbar zu machen. Dazu müßte aber der Sekundär-I mitwirken, indem er den Mangel der Einigung über die V geflissentlich verschleiert. Dieser Versuchung entgeht dieser ein für allemal durch eine unverzügliche Mitteilung an den Vr. Sie mutet dem Spediteur nichts Unbilliges zu; bei den V mit laufender Police, wo jedes einzelne Risiko sowieso dem Vr aufgegeben oder wenigstens gebucht wird, ist es eine geringe Mühe, eine auf diese Frage bezügliche Spalte auszufüllen. Auch die Feststellung selbst wird dem Spediteur nicht schwer fallen; ist sie aber ausnahmsweise mit Schwierigkeiten verbunden, so mag er seinem Zweifel durch einen entsprechenden Vermerk Ausdruck geben.

Bei den reinen Pauschalpolicen ohne jede Aufgabe der Risiken muß auf jeden Fall die Mitteilung der ausdrücklichen Ablehnung verlangt werden. Im übrigen geben die auch von den Inhabern solcher Policen geführten Lagerbücher und Speditionsbücher, die an sich mit der V nichts zu tun haben, Gelegenheit zu einem Vermerk, der im späteren Streitfalle die Verschleierung verhütet.

Selbstverständlich setzt auch eine solche Abmachung ein hohes Maß von Vertrauen voraus. Aber ohne solches ist gerade die KV, und ganz besonders die Pauschal-KV, gar nicht möglich. Es ist deshalb unbedenklich, an die absichtliche Unterlassung einer solchen Mitteilung oder der auf den V'auftrag hinweisenden Eintragung empfindliche Nachteile für den Spediteur usw. zu knüpfen.

Die Konstruktion der KV erfordert, wie nochmals betont wird, eine solche Anzeige nicht, aber die praktische Durchführung läßt sie sehr angebracht erscheinen.

§ 29.

b) Weitere Fälle.

I. Der fehlerhafte Abschluß, die Über-V, Doppel-V, Unter-V, die Nichtigkeit und Anfechtbarkeit des Nebenvertrages, sowie schließlich die Veräußerung der Sache ohne Mitübertragung des Anspruchs aus dem Nebenvertrage sind ebenso wie die Ablehnung der Beitrittofferte Tatsachen, die den Sekundär-I seiner Deckung berauben wurden, wenn sie die Gultigkeit des Hauptvertrages beeinflussen könnten. Auch hier besteht deshalb das dringende Bedurfnis, den gutglaubigen Spediteur usw. auf jeden Fall unabhangig vom Verhalten des Kunden zu stellen.

II. Die Nichtigkeit und Anfechtbarkeit des Nebenvertrages hat immer den in § 28 II beschriebenen Zustand ursprünglichen Fehlens der Selbstzweckfunktion des Primar-I zur Folge. Der anfechtbare Abschluß kann bestätigt, der nichtige wiederholt werden. In diesem Falle wird auf Grund neuer Vereinbarung dem Primär-I die Selbstzweckfunktion verliehen, in jenem ergibt sich nach Beendigung des Schwebezustandes, daß sie von Anfang an vollwirksam bestanden hat.

III. Wird die wirksam versicherte Sache veräußert, so geht, wie in § 25 dargelegt, der Anspruch aus dem Nebenvertrage nur dann auf den Erwerber uber, wenn er mitubertragen wird. Anderenfalls wird er dadurch gegenstandslos, daß seinem Inhaber, dem Vertragsgegner des Spediteurs, der Boden zur Geltendmachung eines Schadens deshalb durch die Veraußerung unter den Füßen weggezogen wird, weil der Schaden ihn nicht mehr treffen kann.

Die Folge des Nichtübergangs ist die gleiche wie in den anderen Fallen, wo der gegenwärtige Primär-I aus dem Nebenvertrag keine Rechte herleiten kann. Das Primar-I verliert die Selbstzweckfunktion und sinkt zur bloßen Stutze des dem Sekundär-I dienenden mittelbaren Schutzes herab.

IV. Die Überversicherung des Kunden, die bekanntlich eine verhaltnismäßige Herabsetzung der Leistung des Vrs nach sich zieht, berührt den Sekundar-I ebenfalls nicht; ihm gegenuber bleibt der Vr voll verpflichtet. Nicht so einfach verhält es sich mit der Unter-V des Kunden. Natürlich kann eine eigentliche Unter-V nicht vorkommen, denn der Kunde ist nicht Vertragspartei. Aber der Spediteur kann als unwissendes Werkzeug des Kunden dessen falsche Wertangabe weitergeben, ein Fall, der sehr häufig ist und auch bei der VffR eine Rolle spielt.

Hier konnte eingewendet werden, daß die Rentabilitat des V'geschäftes es verbiete, fur die zu niedrig bemessene Prämie den vollen Wertersatz zu leisten, wenn auch nur einem völlig unschuldigen Interessenten. Allein die besonderen Verhältnisse des Transportgeschäfts schalten dieses Bedenken zum großen Teile aus; soweit es aber bestehen bleibt, läßt sich auf andere Weise Rat schaffen.

1. Soweit Transport-V vorliegt, und falls es sich um Totalschaden in Ansehung eines Transportes oder auch nur eines Stückes handelt, greift in den meisten Fällen die Regel „jedes Kollo einer Serie" Platz, die V gilt als „au premièr risque" genommen, d. h. jeder Schaden wird als Totalverlust behandelt, und es wird bis zum Betrage der angegebenen V'summe gezahlt. Wohl niemals wird es vorkommen, daß alle Transporte eines Spediteurs von demselben Transportunfall betroffen werden, so daß eine verhältnismaßige Minderung jedes einzelnen Schadenersatzes eintreten müßte.

2. Soweit tatsächlich nur Partialschaden, und zwar von einem Transport-Vr zu ersetzen ist, ist der Vr allerdings benachteiligt, wenn er dem vom Kunden auf Grund der gesetzlichen Haftpflicht in Anspruch genommenen Spediteur den Teilschaden nach dem wirklichen Wert ersetzen mußte; allein dazu wird es kaum kommen. Denn der Spediteur kann dem Kunden entgegenhalten, daß er wider Treu und Glauben handelt, wenn er trotz Unterdeklaration Ersatz nach dem wahren Wert fordert, und kann in krassen Fällen uberdies das mitwirkende Verschulden des Kunden geltend machen, der unterlassen hat, ihn auf die Möglichkeit der Entstehung größeren Schadens hinzuweisen.

3. Diese Erwägung ist es auch, die bei der Lagerhausfeuer-V, wo ja Totalschäden nicht selten sind, das hervorgehobene Bedenken ausschaltet. Nach einem anerkannten Satze des Transportrechtes wird die gesetzliche Haftpflicht des Transportunternehmers durch die Wertdeklaration ihrem Umfange nach begrenzt.[137] Der innere Grund dieser Übung ist naturlich derselbe, wie der für die Folgen der Unter-V maßgebende, auch die Hohe der Speditionsprovision ist vom Wert der Guter abhangig.[138]

[137] S. S. Z. 1911 Nr. 4, 28, Gutachten der Berliner Handelskammer; Senkpiehl § 267 S. 364.

[138] Doch kann dieser Satz dem Spediteur nur bei Totalschaden zugute kommen. Es ware aber nur billig, den versicherungsrechtlichen Satz wegen der Gleichheit des Grundes auf das Transportrecht zu ubertragen.

4. So kommt es, daß der Spediteur in den meisten Fällen keinem höheren Haftpflichtanspruch ausgesetzt ist, als der Vr sowieso leisten müßte, und deshalb ist es mit der Praktikabilität des V'geschäftes verträglich, den Sekundär-I von der Unter-V des Kunden unberührt zu lassen.

Nur in den immerhin denkbaren, wenn auch seltenen Fällen, wo dem Kunden beim Mangel eines Verschuldens Ersatz des vollen Wertes nicht versagt werden kann, macht sich ein Ausgleich notwendig, der durch Erhöhung der Prämie erreicht werden kann.

V. Ein wichtiger Fall der Nichtigkeit des Nebenvertrages ist die dolose Doppel-V des Kunden. Auch hier fehlt dem Primär-I von Anfang an die Selbstzweckfunktion, sei es, daß der Kunde den V'auftrag in solcher Absicht gibt, sei es, daß er die Beitrittofferte annimmt. Der Spediteur, dem die unlautere Absicht unbekannt ist, darf dadurch nicht beeinträchtigt werden. Anders natürlich, wenn er selbst seine Hand dazu bietet.

Ebenfalls von großer Bedeutung ist der häufige Fall, daß der Spediteur trotz Kenntnis der eigenen V des Kunden lediglich im eigenen I das fremde Primär-I versichert Eine dolose Doppel-V liegt auch hier nicht vor. Auf diese Fälle soll im nächsten Paragraphen besonders eingegangen werden.

§ 30.

c) Die Doppelversicherung.

I. Die gesetzliche Regelung der Doppel-V findet sich in §§ 58 bis 60 des Vvg. Doppel-V liegt vor, wenn dasselbe I bei mehreren Vr derart versichert ist, daß die V'summen zusammen den V'wert übersteigen; daß die mehreren V von derselben Person genommen werden, ist nicht zu fordern.[139] Man unterscheidet die redliche und die in der Absicht rechtswidrigen Gewinnes genommene dolose V. § 59 III erklärt jeden in doloser Absicht geschlossenen Vertrag für nichtig.

Die unbeabsichtigte Doppel-V ist gerade im Transportgeschäft sehr häufig. Immer handelt es sich dabei um das Zusammentreffen der General-V des Spediteurs oder Lagerhalters

[139] Kommentar Gerhard, Hagen usw. S. 278 Anm. 4.

mit der eigenen V des Kunden oder seines Nachfolgers. Man kann sagen, daß der Verkehr bestrebt ist, jede V von der anderen getrennt zu halten. Die Spediteurklausel trifft darüber eine ins einzelne gehende Regelung. Grundsätzlich geht die spezielle V vor. Wie dieser Grundsatz zugunsten des Pfandrechts-I des Sekundär-I in der Spediteurklausel gemildert wird, ist in anderem Zusammenhange dargelegt worden.

Im folgenden soll zunächst die dolose Doppel-V des Kunden erörtert werden, dann die unbeabsichtigte des Spediteurs und schließlich eine der KV besonders eigentümliche Art, nämlich die redliche, aber beabsichtigte des Spediteurs.

II. Zweifellos liegt eine dolose Doppel-V vor, wenn der Kunde in rechtswidriger Gewinnabsicht den Spediteur beauftragt, eine von ihm selbst schon versicherte Sache nochmals zu versichern, und zwar durch seine KV. Der Umstand, daß dem Kunden kein Anspruch gegen den Vr zusteht, ändert daran nichts. Die Worte des § 59 Abs. 3 Vvg: „Hat der Vn eine Doppel-V in der Absicht genommen . . .“ können ohne Bedenken weit ausgelegt werden; darunter fällt nicht nur der eigentliche V'vertrag, sondern auch der Nebenvertrag. Denn die angeführten Worte sind ja nur eine Wiederholung der in Absatz 1 geordneten Voraussetzungen jeder Doppel-V „ist ein I gegen dieselbe Gefahr bei mehreren Vr versichert“, und diese Voraussetzung ist demnach in aller Allgemeinheit die mehrfache und Über-V desselben I. Diese liegt aber bei der KV vor, wenn das Primär-I die Selbstzweckfunktion hat.[140]

Die Wirkung ist Nichtigkeit „jedes in dieser Absicht geschlossenen Vertrages“, also in unseren Fällen wohl fast immer des Nebenvertrages, aber nach Lage der Sache, nämlich dann, wenn der Kunde von Anfang an darauf ausgegangen ist, sich unredlich zu bereichern, auch des von ihm selbst geschlossenen V'vertrages. Möglicherweise ist dieser allein nichtig, nämlich dann, wenn der Kunde zunächst Auftrag zur V an den Spediteur

[140] Gerade die Spediteurklausel spricht dafür. Diese kennt keinen unmittelbaren Anspruch des „Kommittenten“, trotzdem wird die von ihm selbst genommene V als Doppel-V behandelt.

gegeben, und erst dann den unredlichen Vorsatz, nochmals V zu nehmen, gefaßt und ausgefuhrt hat.

Liegt Nichtigkeit des Nebenvertrages vor, so ist die weitere Folge die Abschwächung des Primär-I zum Träger der Konstruktion, wie in allen anderen Fällen, wo das Primär-I um seiner selbst willen keine Deckung verlangen kann. Aus der gesetzlichen Haftpflicht kann der Kunde den Spediteur trotzdem in Anspruch nehmen, und dagegen wird wiederum der Spediteur mittelbar in der früher geschilderten Weise geschützt. Die Brauchbarkeit unserer Konstruktion zeigt sich hier besonders deutlich. Es wäre unbillig, dem zur Zahlung der Prämie verpflichteten Sekundär-It den Schutz seiner eigenen I zu entziehen. Die Stellvertretungstheorie und die Verfechter des Vertrags zugunsten Dritter kommen um diese Folge nicht herum und müssen es dem Sekundär-I überlassen, zuzusehen, wie er zum Ersatz seiner Auslagen kommt, wenn das scheinbar versicherte Pfandstück untergegangen ist. Sie setzen ihn auch, trotzdem er die Pramie zahlen muß, dem Ersatzanspruch des Kunden ohne Deckung aus. In diesen Fallen, wo ein entschuldbares Versehen des Spediteurs oder seiner Leute, oder auch nur — bei Frachtführerhaftung — die Haftungsbeschränkung der Bahn, also Zufall die Ursache des V'falles ist, fühlt also nach der bekämpften Auffassung nicht der dolos handelnde Kunde, sondern der Spediteur die Folgen dieses verpönten Handelns, namentlich dann, wenn der Vr des Kunden den Spediteur in Anspruch nimmt.

Unsere Konstruktion dagegen schützt nicht nur den Spediteur, sondern weist auch dem Vr des Spediteurs in diesem Falle seine eigentliche Aufgabe zu, er trägt dann nicht die reine Transportgefahr, sondern nur die Haftpflichtgefahr; jene trägt der Vr des Kunden, da er regreßlos bleibt, ein durchaus befriedigendes Ergebnis.

Auch die Deckung des Konkurrenz-I bei einem Transportunfall zeigt die Richtigkeit dieser Konstruktion. Zahlt der Vr des Spediteurs diesem den Pfandrechtswert, so kann er die Abtretung der Forderung verlangen. Diese sucht er vom Kunden oder von dessen Vr hereinzuholen. Gelingt ihm das, so hat er den reinen Transportschaden auf den Vr des Kunden abgewälzt, von dem ja der Kunde, da er beim Mangel einer Pflichtverletzung den Spediteur nicht belangen kann, den vollen Wert seines Eigentum-I einzieht, den er, soweit der Wert des Pfandrechts reicht, dem Vr des Spediteurs wieder herausgeben muß. Gelingt die Beitreibung nicht, so trägt der Vr des Spediteurs endgültig den Schaden des Pfanduntergangs deshalb, weil der Pfandschuldner keine Sicherheit bietet. Das ist richtig, denn in diesem Falle ist diese Zahlungsunfahigkeit die unerläßliche Ursache des dem Spediteur entstandenen Verlustes. Der Zweck der KV, den Spediteur auch gegen solche Ausfälle zu schutzen, tritt deutlich hervor. Dieses Ergebnis befriedigt auch, wenn man das Augenmerk auf den Kunden richtet. Der doppelt versicherte Kunde, der die Sache zum annähernd vollen Werte verpfandet hat, erntete die Fruchte der dolosen Doppel-V, wenn er sowohl vom eigenen Vr vollen Ersatz erhielte als auch vor dem Darlehnsanspruch des Spediteurs, Lagerhalters usw. sicher wäre, die von ihren eigenen Vr Deckung fordern konnen. Die Abtretung der Forderung an den KVr verhindert diese Bereicherung.

Auch wenn der V'fall auf der Verletzung der Haftpflicht des Sekundär-I beruht, kann die Abwickelung in befriedigender Weise erfolgen und raubt die dolose Doppel-V des Kunden dem Spediteur trotz der Haftpflichtverletzung nicht den Schutz seines Pfandrecht-I. Hält sich der Kunde an seinen Vr, so verliert er selbst den Haftpflichtanspruch gegen den Spediteur, denn er hat keinen Schaden mehr; dem Zahlungsanspruch des Spediteurs dagegen bleibt er nach wie vor ausgesetzt, so daß er nur den pfandfreien Wert seiner Sache behalt. Damit ist das Pfandrecht-I des Spediteurs ohne Mitwirkung seines Vrs gedeckt, vorausgesetzt, daß der Kunde zahlungsfähig ist. Seine Vermögenslage könnte nur durch den Vr des Kunden erschüttert werden, der die auf ihn übergegangenen Haftpflichtanspruche regreßweise geltend macht. Allein dagegen schützt ihn wieder die KV, die also auch hier den auf der Haftpflichtverletzung beruhenden Schaden endgultig trägt. Der Ausgleich kann in diesem Falle auch so erfolgen, daß der Spediteur sofort mit seiner Darlehns- usw. Forderung gegenuber der Schadensersatzforderung aufrechnet oder umgekehrt der Kunde. Dann büßt er zunachst seine Darlehnsforderung ein. Sein Vr ersetzt ihm den Wert seines Pfandrechtes. Der des

Kunden wird in diesem Falle nicht bemüht. Diese Ausgleichung ist die näherliegende. Man denke daran, daß der zahlungsunfähige Kunde durch schleunige Abtretung des Haftpflichtanspruchs an seinen Vr die Aufrechnung des Spediteurs mit der dinglich nicht mehr geschutzten Darlehnsforderung vereiteln kann. Alsdann hatte der Vr des Spediteurs zweimal zu leisten, einmal an den Vr des Kunden, dann an den Spediteur, gegen Abtretung der wertlosen Forderung. Das ist ihm im allgemeinen nicht zuzumuten. Deshalb kann er die Zahlung an den Spediteur ablehnen, wenn dieser schuldhaft die Aufrechnung unterlassen hat.

III. Liegt schon im bisher behandelten Falle doloser Doppel-V keine Nichtigkeit des Hauptvertrages vor, dann erst recht nicht, wenn die Doppel-V unbeabsichtigt ist, wenn also der Spediteur nichts von der eigenen V des Kunden, dieser nichts von der KV des Spediteurs weiß. In diesem Falle tritt ebenfalls lediglich die Abschwächung der Funktion des Primär-I ein, nicht Nichtigkeit, ja nicht einmal die in § 60 Vvg geordnete anteilige Minderung der V'summe. Diese entspräche auch nicht dem Bedürfnisse des Kunden, dem seine eigene V näher steht als die ohne sein Wissen genommene fremde. Aber auch dem Sekundär-It geschähe dadurch unrecht, weil die Minderung der V'summe die Deckung seiner eigenen I verminderte, denn die V des Kunden schutzt ihn keineswegs: im Gegenteil, sie bildet eine vermehrte Gefahr für ihn wegen der Haftpflichtregreßansprüche. Schließlich käme es zu verwickelten Rechnungen über die Ausgleichung der Prämien; man denke an die Pauschalpramien-V, wo sich für den Einzelfall überhaupt keine Prämie bestimmen laßt. Jedenfalls drängt alles darauf hin, die Doppel-V jeder Wirkung gegen den Spediteur zu entkleiden. Das ist auch die fest begründete Anschauung der Handelskreise. Die Spediteurklausel rettet in Absatz 3, 6, 7 und vor allem 8 den Ertrag der KV fur den Spediteur in der schon beschriebenen eigenartigen Weise. Grundsätzlich wird der KV nur subsidiäre Geltung hinter „speziellen" V beigelegt. Nur soweit eigene I des Spediteurs in Frage kommen, erhält er Ersatz, und in dieser Regelung liegt zweifellos ein vertraglicher Verzicht des Vr darauf, dem Spediteur gegenüber die Rechtsfolgen der Doppel-V geltend zu machen. Dabei wird das Haftpflicht-I hervorgehoben durch die Worte „oder für welchen er Dritten gegenüber haftpflichtig ist" (Abs. 3); das Pfandrecht-I ist ganz deutlich berücksichtigt in Absatz 8.[141]

IV. Nun ist zuzugeben, daß es für das reelle V'geschäft eine Gefahr wäre, wenn der Spediteur ganz unbekümmert um das Vorliegen einer schon bestehenden V nochmals V nehmen könnte. Es bestünde eine gewisse Versuchung, daß Spediteur und Kunde gemeinschaftliche Sache machen und unter Verschleierung des Tatbestandes die vollen V'summen beider Vr hereinholen. Dem wird durch eine dem Spediteur obliegende Anzeige vorgebeugt. Über ihre konstruktive und praktische Notwendigkeit gilt das in § 28 VII von der Anzeige der Ablehnung der Beitrittofferte Gesagte ebenfalls.

Der Sekundär-I muß eine ihm bekannte V des Kunden unverzüglich anzeigen. Der Vr kann eine solche Aufklärung der Verhältnisse immer dann fordern, wenn dem Sekundär-I damit nichts Unbilliges, nichts Umständliches zugemutet wird, wenn er die Anzeige machen kann, ohne in langwierige Ermittlungen und Verhandlungen einzutreten. Es genügt dabei die Mitteilung, daß bereits V besteht. Mehr ist in der ja weitaus größten Zahl der Fälle, wo kein V'fall eintritt, nicht nötig. Kommt es tatsächlich zum V'fall, so bildet diese Anzeige den Anhaltspunkt für die nunmehr erforderlichen Ermittlungen.

IV. Schließlich erfüllt die KV ihren Zweck, dem Sekundär-I zu dienen, auch dann, wenn diesem von Anfang an bekannt ist, daß das Primär-I bereits vom Kunden selbst versichert ist. Die redliche aber beabsichtigte Doppel-V des Sekundär-I dient von vornherein nur diesem selbst; sie ermöglicht die Ausnutzung der KV trotz bereits geschehener V der ihm zugehenden Kundengüter. Auch hier beugt die sofortige Anzeige künftiger Verschleierung vor.

Fällt die eigene V des Kunden weg, so kann er entweder durch Annahme der Beitrittofferte oder durch neue Vereinbarung sein I späterhin doch noch unter den Schutz der KV bringen.[142]

---

[141] Vgl. § 20 der Arbeit.

[142] Vgl. § 28 III der Arbeit.

3. Kapitel.

Die Unwirksamkeit des Hauptvertrages.

§ 31.

a) Präjudizierung durch den Sekundärinteressenten.

I. Jede präjudizierende Handlung des Sekundär-I, also des alleinigen Vertragsgegners des KVr, wirkt auch gegen den Primär-I. Die Folge ist, daß der Sekundär-I das Versichertsein überhaupt nicht mehr geltend machen kann, weder in der Richtung auf den Primär-I noch als bloß fingiertes zum Zwecke der Deckung seiner eigenen I. Diese mit der im Vertragsgesetz für die VffR getroffenen Regelung übereinstimmende Forderung rechtfertigt sich durch die Rücksicht auf den Vr; dieser baut auf der Persönlichkeit dieses Vertragsgegners, seiner Zuverlässigkeit und kaufmännischen Tüchtigkeit, den besonderen Einrichtungen seines Betriebes die Prämienberechnung auf. Er sucht ja gerade deshalb den Sekundär-I zum Vertragsgegner zu machen, weil er dadurch eine möglichst große Zahl willkürlich oder grobfahrlässig herbeigeführter V'fälle für seine Ersatzpflicht ausscheidet. Gerade darin, daß der dominus periculi auch dominus negotii ist, liegt für ihn ja der Wert der KV.

Andererseits verstößt diese absolute Wirkung präjudizierenden Verhaltens des Sekundär-I nicht gegen die Bedürfnisse des Primär-I. Wie an anderer Stelle ausgeführt, hat der Kunde stets die Freiheit, selbst V zu nehmen. Deshalb muß er, wenn er das unterläßt, mit der Person seines Beauftragten rechnen.

II. Für die Wirkung der Präjudizierung ist es gleichgültig, ob ein Nebenvertrag besteht oder nicht, ob er vor oder nach ihr zustande gekommen ist. Der Kunde nimmt die Auskehrungofferte an mit dem Inhalt, der ihr zukommt, seine spätere Annahme kann die einmal geschehene Präjudizierung des Primär-I ebensowenig beseitigen wie seine Nachfolge in ein bereits verwirktes I.

III. Die Präjudizierung wirkt auf die Nebenvertragsleistung des Sekundär-I in folgender Weise: Er hatte sich verpflichtet auszukehren, was ihm zukommt, wenn er — vertragstreu im

Verhaltnis zum Kunden — jedes verwirkende Verhalten gegenüber dem Vr unterläßt und alles aufwendet, um die V wirksam zu erhalten. So hat er vor allem die Anzeigepflicht zu erfullen, sei es aus eigener Entschließung, sei es auf Anstoß durch den Kunden; und das um so mehr, weil der Kunde in keinem Vertragsverhältnis zum Vr steht. Vereitelt er vertretbar die Leistung des Vr aus dem Hauptvertrage, und ist der Nebenvertrag bereits geschlossen, so führt er zugleich die subjektive Unmöglichkeit der dem Kunden geschuldeten Leistung herbei. Diese Vertragsverletzung gibt dem Kunden den Anspruch auf Schadenersatz wegen Nichterfullung. Hat der Sekundär-I das Primär-I bereits vor Abschluß des Nebenvertrags verwirkt, so hat er eine von Anfang an unmogliche Leistung versprochen; der Nebenvertrag ist infolgedessen nichtig, aber der Sekundar-I hat dem Kunden das negative Vertragsinteresse, also seinen Schaden deshalb zu ersetzen, weil er beim Vertragsschluß die Unmoglichkeit seiner Leistung kannte oder wenigstens kennen mußte

Der Anspruch kann natürlich auch auf die Verletzung der Sorgfalt eines ordentlichen Spediteurs usw. gestutzt werden, das aber nur vom ursprünglichen Vertragsgegner. Der Nachfolger im I hat nur den auf der vereitelten V beruhenden Anspruch, es sei denn, daß der Sekundar-I dem Kunden gegenüber sich verpflichtet hatte, Verfugungen des Empfängers oder anderer Personen zu befolgen und unter Nichtachtung einer solchen seine Haftpflicht verletzt hatte.

IV. Mit dem Ausfall des Auskehrunganspruches wegen Unmoglichkeit seiner Erfullung verliert auch das Pfandrecht des Sekundär-I daran seine Grundlage.[143] Auch bietet sich kein Anhalt, auch die Schadensersatzforderung als mit verpfändet anzusehen, mit solchen nur ganz ausnahmsweise eintretenden Fällen darf die vertragliche Regelung nicht belastet werden; es besteht aber auch keine Notwendigkeit. Die wunschenswerte Moglichkeit, daß der Sekundar-I den Betrag seiner durch das Gut gesicherten Ansprüche auch gegenuber dem Nachfolger in das I, der den Schadenersatzanspruch wegen vereitelter V geltend macht, kürzen kann, ergibt sich schon durch folgende Erwägung: Der I'nach-

[143] Vgl. § 26 III der Arbeit.

folger kann im Wege des Schadenersatzes nicht mehr fordern, als er erhalten hätte, wenn die eigentliche Leistung erfolgen könnte. Er muß sich also so behandeln lassen, als bestände das Forderungspfandrecht auch an der Schadenersatzforderung.

Dieselbe Erwägung gilt, wenn der in unmittelbare Beziehung zum Spediteur usw. als solchem getretene Empfänger den ihm aus eigenem Rechte zustehenden Haftpflichtverletzunganspruch geltend macht. So wird in beiden Fällen das unrichtige Ergebnis vermieden, daß der Empfänger den vollen Wert als Schaden kassiert, der Spediteur leer ausgeht und darauf angewiesen ist, sich bei seinem Auftraggeber zu erholen, der wiederum zusehen muß, wie er seinen Kaufpreis vom Empfänger hereinholt, um damit den Spediteur zufriedenzustellen, also drei Leistungen anstatt der Verrechnung zwischen den Beteiligten, die so erfolgt, daß der Spediteur seine Forderung von der Ersatzzahlung dem Empfänger kürzt und das gekürzte dem Auftraggeber gutbringt, während der Empfänger mit der durch die Verrechnung „eingelösten" und dadurch auf ihn kraft Rechtssatzes übergegangenen Forderung des Spediteurs gegenüber der Kaufpreisforderung des Versenders aufrechnet.

V. Die Häufung der Schadenersatzgrundlagen kann fehlen. Es ist denkbar, daß ein und dasselbe Verhalten zwar präjudiziert, aber nicht die gesetzliche Haftpflicht oder die durch Vertrag beschränkte auslöst. Der umgekehrte Fall ist weit häufiger und bildet ja die Rechtfertigung des Haftpflicht-I'schutzes. Dagegen kann es keine präjudizierliche Handlung des Spediteurs geben, die er nicht als solche auch dem Kunden gegenüber vertreten muß. Selbst wenn der Grund der Haftung im Hauptvertrage und im Speditionsvertrage verschieden bestimmt wäre, so fordert das Wesen der Sache, daß der Spediteur, der dem Primär-I präjudiziert, dem Kunden auf jeden Fall den daraus entstehenden Schaden ersetzen muß.

VI. Denkbar ist schließlich, daß beiden, Spediteur und Kunde, die Schuld an der Präjudizierung zur Last gelegt werden kann, so wenn der Spediteur oder der Lagerhalter eine grob fahrlässig falsche Anzeige ebenso schuldhaft weitergibt. Dann ist nach § 254 BGB auszugleichen.

§ 32.

b) Nichtigkeit, Anfechtbarkeit, Aufhebung des Hauptvertrages.

I. Das Nichtzustandekommen des Hauptvertrages muß der Sekundär-I in gleicher Weise gegenüber dem Kunden vertreten wie den Ausfall der Leistung der Vr. Es kann vorkommen, daß der General-V'vertrag im ganzen nichtig oder anfechtbar ist, es kann auch die Aufgabe eines einzelnen darunter fallenden Risikos diesen Mangel aufweisen. Hat der Sekundar-I diese Fehlerhaftigkeit zu vertreten, so hat er Schadenersatz wegen Nichterfullung zu leisten.

Es kommt auch vor, daß der Sekundar-I trotz ausdrucklichem Auftrag nicht V nimmt, sondern wie man sagt, in sich versichert. Es war fruher streitig, ob er sich dadurch schadenersatzpflichtig macht. Jetzt herrscht kein Zweifel mehr, daß ein solches Verhalten nicht nur sehr bedenklich, sondern auch vertragswidrig ist. Doch konnen der Spediteur und Lagerhalter nur dann verantwortlich gemacht werden, wenn sie ausdrücklich Auftrag erhalten haben. Das HGB legt ihnen keine Pflicht zur V auf, ebensowenig, wie fruher bemerkt, die Handelssitte.

II. Immer vertritt der Sekundär-I die nachtragliche Aufhebung des gultigen Hauptvertrages, sei es, daß sie im Einvernehmen mit dem Vr erfolgt, sei es auf Grund der Kundigung des Sekundar-I oder in anderer Weise. Es unterliegt keinem Zweifel, daß der Sekundär-I ohne Mitwirkung des Kunden kundigen kann. Dafur besteht ein dringendes Bedurfnis; der Sekundar-I kommt von Zeit zu Zeit in die Lage, seine General-V zu erneuern, einem anderen Vr zu übergeben, andere Bedingungen zu vereinbaren. Es ist ganz undenkbar, von ihm zu verlangen, daß er dazu die Zustimmung seiner Kunden beibringt.

Selbst für die VffR läßt § 76 I des Vvg nach richtiger Auffassung den Verzicht auf die Rechte des Vt durch den Vn zu, also muß er erst recht für die KV zulässig sein. Dieser Fall mag übrigens erkennen lassen, wie schwach die Stellung des Kunden im Vergleich zu der des Sekundär-I ist. Dessen volliger Ungebundenheit entspricht selbstverständlich seine Verpflichtung, den

Kunden vor Nachteilen zu bewahren, die aus der Aufhebung der General-V entstehen konnen. Jede daraus herrührende Unmoglichkeit seiner eigenen Leistung hat er deshalb zu vertreten.

III. Ein besonderer Fall der Nichtigkeit ist die betrugerische Doppel-V des Sekundar-I. Es ist denkbar, daß dieser ein Kundenrisiko in der Absicht rechtswidriger Bereicherung aufgibt, entweder fur sich allein oder im Verein mit dem Kunden. Bei den besonderen Verhaltnissen der KV werden solche Schiebungen nur ganz selten vorkommen. Der Spediteur oder das Lagerhaus, denen ein derartig verwerfliches Handeln nachgewiesen worden ist, werden wohl kaum wieder eine General-V finden, und ohne diese konnen sie nicht arbeiten.

Sollte aber ein solcher Vertrauensbruch tatsächlich einmal vorkommen, so empfindet die Folge lediglich der Sekundär-I. Der unbeteiligte Kunde kann beim Mangel eines V'auftrags vom Spediteur nichts fordern, dem Mitschuldigen steht die doppelte Nichtigkeit des unsittlichen Nebenvertrages entgegen.

IV. Schließlich ist zu erwahnen die vom Sekundar-I zu vertretende Unter-V. Es kann vorkommen, daß dieser den ihm angegebenen Wert wissentlich zu niedrig aufgibt. Die Folge ist die verhaltnismaßige Minderung des Ersatzes bei Partialschaden. Trifft den Kunden kein Verschulden an der unrichtigen Wertangabe, so kann er vom Sekundär-I den ausfallenden Wertbetrag als Schadenersatz wegen teilweiser Nichterfullung des Nebenvertrages fordern.

Alphabetisches Register.

FSC
www.fsc.org
MIX
Papier | Fördert
gute Waldnutzung
FSC® C083411

Kolibri 360 GmbH
Ferdinand-Jühlke-Straße 7
99095 Erfurt, Deutschland
produktsicherheit@kolibri360.de